Schnorren mit Richard Wagner. Ein guter Mensch werden mit
Mutter Teresa. Oder sich bei Woody Allen abgucken, wie man
Macken in Kreativität verwandelt – Peter Lückemeier zeigt uns
Normalos, was bedeutende Männer und Frauen geleistet haben
und wie wir ihnen nacheifern können. Amüsante Lebenshilfe,
Unterhaltung auf hohem Niveau und immer wieder hinreißen-
de Lebensgeschichten: Der Autor von ›Männer verstehen‹ und
›Neue Herzblatt-Geschichten‹ gibt viele geldwerte Tipps für
Neuanfänge, Kehrtwenden und Besserungen jeder Art.

Peter Lückemeier, geb. 1950, ist Ressortleiter der Rhein-Main-Zei-
tung der ›F.A.Z.‹ Die erste Staffel der ›Herzblatt-Geschichten‹
erschien 2001; 2007 veröffentlichte er im Fischer Taschenbuch
Verlag ›Männer verstehen‹ (Bd. 16952) und 2008 ›Neue Herzblatt-Geschichten‹ (Bd. 17638). Peter Lückemeier lebt in Hof-
heim am Taunus.

Unsere Adresse im Internet: www.fischerverlage.de

Peter Lückemeier

Von den Großen lernen

Fischer
Taschenbuch
Verlag

Veröffentlicht im Fischer Taschenbuch Verlag,
einem Unternehmen der S. Fischer Verlag GmbH,
Frankfurt am Main, April 2009

© S. Fischer Verlag GmbH, Frankfurt am Main 2009
Satz: Pinkuin Satz und Datentechnik, Berlin
Druck und Bindung: Druckerei C. H. Beck, Nördlingen
Printed in Germany
ISBN 978-3-596-17881-0

Für Dani

Inhalt

Reich werden mit den Aldis

Einmal wurde einer sehr reichen, sehr liebenswürdigen Frankfurterin die Frage gestellt, was ihr Reichtum bedeute. Man saß in ihrer riesigen, wunderschönen Wohnung mit Blick auf den Main, eine Wand ging sicherlich zehn Meter hoch ins Obergeschoss und hing dicht an dicht voller Gemälde, und da sowohl die Dame als auch ihr Mann mäzenatisch nach vielen Richtungen ihr Geld verschenkten und stifteten, stand zu erwarten, dass sie auf die Frage, was ihr Geld bedeute, das Übliche sagen würde: Es macht nicht glücklich, aber es beruhigt, und man kann damit ganz doll viel Gutes tun. Aber die Dame reagierte völlig unvermutet. Sie warf die Arme hoch, strahlte übers ganze Gesicht und jubelte förmlich: »Ich finde es herrlich, reich zu sein. Ich genieße es jeden Tag!«

Ungewöhnlich. Die allermeisten Reichen behaupten, Geld mache ihnen eher Sorgen. Aber so richtig überzeugen kann das nicht. Warum würden sonst die Reichen so heftig daran arbeiten, noch reicher zu werden? Nein, da halten wir es doch lieber mit dem saudischen Prinzen al-Walid ibn Talal Al Saud, der als eine Art Schnäppchenjäger auf hohem Niveau unter anderem mit dem Ankauf maroder Firmen oder mit Beteiligungen an angeschlagenen, aber im Kern gesunden Unternehmen reich geworden ist. Und was antwortet der Prinz in ›Bunte‹ auf die Frage, ob Geld glücklich mache: »Jeder Mensch, der das Gegenteil sagt, hat unrecht. Geld erzeugt Fröhlichkeit und Glücksgefühle.«

Weil dies so ist, wollen Sie jetzt sicherlich wissen, wie

man es eigentlich anstellt, reich zu werden, und in wem Sie sich ein Vorbild suchen könnten. Dann nehmen Sie sich bitte als Erstes Kurt Tucholskys Feststellung zu Herzen: »Zu dir kommt kein Geld, weil du es nicht zündend genug liebst. Na ja, du möchtest es gern haben. Aber damit ist es nicht getan! Gern haben? Du sollst nicht nur begehren deines Nächsten Bankkonto – du musst Geld inbrünstig lieben!«

Wer aber sein Geld inbrünstig liebt, der gibt es auch nicht unbekümmert her.

Nicht grundlos ranken sich unzählige Legenden um die Sparsamkeit, ja den Geiz der Reichen: Friede Springer wurde dabei beobachtet, nach Abendeinladungen in Berlin weder eine Limousine mit Fahrer noch ein Taxi zu ordern. Vielmehr steuerte sie einen unauffälligen Golf Diesel selbst nach Hause; Ingvar Kamprad, reichster Mann Schwedens, fährt einen uralten Volvo, Erivan Haub und seine Frau (ihnen gehört immerhin Tengelmann) rufen ihre Kinder tagsüber nicht in Übersee an, sondern warten auf den günstigeren Nachttarif; Lidl-Gründer Dieter Schwarz leistete sich seinen S-Klasse-Benz nur als Auslaufmodell; der unermesslich reiche Öltycoon J. Paul Getty notierte noch im Alter von sechsundsechzig Jahren die Ausgaben eines Tages: »Haarschnitt 25 Centime, Trinkgeld 2 Centime«. Theo Albrecht (Aldi) aber trug bei seiner Entführung einen so billigen Anzug, dass die Kidnapper sich fragten, ob sie überhaupt den Richtigen erwischt hatten, und sich erst einmal seinen Ausweis zeigen ließen; Rod Stewart lässt sich im Restaurant schon mal die Reste einpacken. Nur Rudolf Augstein ging viel lässiger mit seinem Geld um, als er eines Tages in seiner Hamburger Stadtvilla von zwei Einbrechern überrascht wurde. Er feilschte nicht lange, musste allerdings feststellen, dass er die geforderten 50 000 Mark nicht im Haus hatte. Also rief er seinen Verlagsleiter Alfred Theobald an. Der pumpte sich schnell von solventen Bekannten das Bargeld zusammen, fuhr zu Augsteins Haus und übergab die Summe. Die ganze Zeit über hatte der *Spiegel*-Herausgeber die nervösen Einbrecher beruhigt. Alles ging gut, Geiz wäre in diesem Fall bestimmt lebensgefährlich geworden.

Nun aber zurück zu der Frage, wegen der Sie ja dieses Kapitel lesen: Wie schafft man es, reich zu werden? Sieht man sich die einschlägigen Listen an, in denen, wie verlässlich auch immer, die reichsten Menschen erfasst und bewertet werden, so kommt man als Erstes zu dem Ergebnis, dass wohl – zumindest in Deutschland – die vielleicht wichtigsten Eigenschaften reicher Menschen Diskretion, Understatement und Zurückhaltung heißen. Unter Deutschlands Milliardären finden sich Namen, die man selten in der ›Bunten‹ liest: Hasso Plattner, Andreas und Thomas Strüngmann, Michael Otto, Reinhold Würth, Adolf Merckle, Curt Engelhorn, Dieter Schwarz und – als Einzige vom Glanz des Geheimnisvollen umweht – die Aldi-Gründer Karl und Theo Albrecht. Sie alle geben keine oder nur selten Interviews, leben zurückgezogen, laden zu den Hochzeiten ihrer Kinder keine bunten Blätter ein und kommentieren ihre Jahresabschlüsse nicht vor laufenden Kameras auf Pressekonferenzen.

Reichtum kann zahlreiche Wurzeln haben. Es gibt Vermögen, die über viele Generationen so ansehnlich geworden sind, dass der verstorbene Fürst Johannes von Thurn und Taxis sagen konnte: »Ein so großes Vermögen kann man nicht versaufen, nicht verhuren, nicht verfressen, man kann es nur verdummen.« Und es gibt Vermögen, die in erster Generation entstehen, weil ihre Erzeuger eine umwerfende Idee hatten. Betrachten wir solche Ideen und fragen uns, was es außer diesem genialen Einfall noch brauchte, um Reichtum zu schaffen.

Erster Fall: Karl und Theo Albrecht. Geboren 1920 und 1922 im Ruhrgebiet. Vater Kumpel, Staublunge, danach Hilfsarbeiter. Die Mutter betreibt einen Lebensmittelladen in Essen, 35 Quadratmeter. 1946 – beide Albrechts waren aus dem Krieg zurück – übernahmen Karl und Theo den Laden der Mutter. Von diesem Moment an beginnt ein sagenhafter Aufstieg. Weil die beiden eine Idee haben, die wie die meisten genialen Einfälle ganz einfach ist. Unter dem Namen »Albrecht Discount« eröffnen sie im Ruhrgebiet einen Laden nach dem anderen und setzen in der Nachkriegszeit nur auf den Preis. Sie verzichten auf Regale, sie verzichten auf alles, was den Einkauf zum »Erlebnis« macht. *Der Triumph des Schlichten* wird später einmal der Titel eines Buches lauten, das den Erfolg der Brüder nachzeichnet: Sie stapeln die Ware auf Paletten auf den Boden, der Kunde greift unter dem Schein schmuckloser Neonröhren nach Zucker und Mehl – sogar nach »guter Butter«. Denn obwohl es in den ersten Jahren keine Tiefkühltruhen gibt, also auch kein Fleisch, keine Milch, keine Joghurtprodukte, zählt Butter von Anfang an zum Grundsortiment, sie wird abends zum Kühlen in den Keller gebracht. Verkäufer? Wozu! Die Waren erklären sich von selbst, und vor allem sind sie so wunderbar billig. Weil sich die Brüder zunächst auf wenige Artikel mit hohem Absatz konzentrieren, können sie günstiger einkaufen als andere. Den Preisnachlass, den die Konkurrenz in Form von Rabattmärkchen gewährt, gibt es bei Albrecht sofort an der Kasse, ohne Umweg.

Zu Beginn der sechziger Jahre trennen sich die Wege der Brüder. Sie taufen ihre Firma in »Aldi« um, Karl übernimmt das Geschäft in Süd-, Theo das in Norddeutschland. Bald verliert das Unternehmen sein Arme-Leute-Image, vor allem, nachdem sich herumspricht (und von der Stiftung Warentest bestätigt wird), dass die Sachen dort zwar preiswert, aber nicht schlecht sind. Die Geiz-ist-geil-Mentalität beschert neue Kunden, heute fährt man auch im Porsche bei Aldi vor. Die Läden sind irgendwie kultig geworden, es erscheint ein Kochbuch nach dem anderen mit Aldi-Produkten, man ist nicht mehr peinlich berührt, wenn man am Weinregal einen Bekannten trifft, und noch immer ist man frappiert von der bunten Kühnheit der potthässlichen Zeitungsannoncen, an denen wohl noch nie ein Graphik-Designer seine Spuren hinterlassen durfte.

Reich geworden sind die Albrecht-Brüder also durch eine Idee, durch den Mut zur Schlichtheit. Auf Ideen freilich können viele kommen. Sie werden nicht reich, wenn es Ihnen an Grundtugenden wie Fleiß und Beharrlichkeit fehlt und – wie im Falle der Albrecht-Brüder – an der Entschlossenheit, einem einmal als richtig erkannten Prinzip treu zu bleiben. Vor allem ist an den beiden mittlerweile alten Männern, die als reichste Deutsche gelten, eines mit Erstaunen zu registrieren: ihre mangelnde Eitelkeit. Ein so tolles Konzept zu ersinnen, mit solcher Konsequenz eine äußerst erfolgreiche Marke zu schaffen und darüber auch noch milliardenschwer geworden zu sein – jeder andere würde Bände über sich schreiben lassen und obendrein eine dicke Autobiographie veröffentlichen, würde mindestens dann und wann vor Fernsehkameras Auskunft geben über diesen beispiellosen Aufstieg: Von den Albrechts lernen heißt Bescheidenheit lernen.

Und was lernen wir von unserem zweiten Fall, von Hasso Plattner? Er hat es gemeinsam mit seinen Kollegen Hans-Werner Hector, Dietmar Hopp und Klaus Tschira auf die Milliardärsliste gebracht – und das in relativ wenigen Jahren. Plattner und die anderen Herren gründeten im Jahr 1972 ein Unternehmen in der Provinz. Sie nannten es wenig aufregend »Systemanalyse und Programmentwicklung«, aus den Initialen wurde SAP. Hasso Plattner und die anderen Informatiker und Manager hatten zuvor alle für den Computergiganten IBM gearbeitet. Und sie hatten – wie die Albrecht-Brüder – eine einfache, jedoch grundlegend neue Idee.

Bis dahin waren die EDV-Programme in den Unternehmen wie Maßanzüge gewesen. Als Systemberater hatten die SAP-Gründer aber festgestellt, dass sich viele Arbeitsabläufe in den Unternehmen glichen, dass also für Firmen völlig unterschiedlicher Branchen immer gleiche oder doch ähnliche Programme zu entwickeln waren. Also begannen sie, Anwender-Software als Standardprodukte zu programmieren. Aus den Maßanzügen waren Anzüge von der Stange geworden, die sich blendend verkauften. In einer beispiellosen Erfolgsgeschichte eroberte das Unternehmen fortan die Märkte. Am Anfang hatte eine simple Idee gestanden. Und danach machten die Gründer einfach alles richtig.

Aber noch etwas ist interessant an der SAP-Story. Lesen Sie, was einer der anderen SAP-Gründer, Dietmar Hopp, für die bestimmende Erfolgskomponente hält: »In meiner Zeit bei SAP habe ich intelligente, möglichst Sport treibende Leute eingestellt. Die wurden dann zu einem strategisch arbeitenden Team zusammengeschweißt. Das war und ist sicherlich eines der Erfolgsgeheimnisse bei SAP.« Intelligenz und sportliche Betätigung? Wären Sie darauf gekommen?

Also, fangen Sie an, Ihren IQ und Ihren Body zu trainieren. Darin mögen die Geheimnisse auch Ihres Erfolgs liegen! Und wenn der sich dann in Form des Reichtums eingestellt hat, dann könnte Sie am Ende ja die Frage belasten, wem Sie all ihr Geld, Ihre Ferienhäuser in Südfrankreich und Ihre Appartements in New York vererben. Da dürfen Sie sich getrost an Warren Buffett orientieren. Der alte Mann vermacht den Großteil seiner 62 Milliarden Dollar der Stiftung des Microsoft-Gründers Bill Gates. Als Familienvater hält er sich eher zurück: »Man sollte seinen Kindern so viel Geld hinterlassen, dass sie alles tun können, aber nicht so viel, dass sie nichts tun müssen.«

Kann aber auch aus einem Mann, der sich keine Zahlen merken kann, ein Milliardär werden? Klar. Er kann aus seiner Zahlenschwäche sogar eine Stärke machen. Indem er all seinen Produkten Namen gibt. Zum Beispiel Billy. Oder Gutvik und Bonde. Die dann genau unter diesen Namen auf der ganzen Welt verkauft werden. Massenhaft. Der Mann mit dem schlechten Zahlen-, aber guten Namensgedächtnis heißt Ingvar Kamprad. Er hat Ikea gegründet.

Der Drang zum Geschäftemachen, zum Geldverdienen, zum Unternehmertum beginnt bei den Reichen häufig in den Jugendjahren. Auch Kamprad fing früh an. Er war siebzehn, als er Ikea gründete. Noch früher dran war Warren Buffett, der heute als reichster Mensch der Erde gilt. Mit elf spekulierte der Sohn eines Wertpapierhändlers zum ersten Mal an der Börse. Vierzehn war er, als er aus den Spekulationsgewinnen Grundstücke in seiner Vaterstadt Omaha in Nebraska erwarb. Was war sein Weg zum Erfolg? Sein Erfolgsrezept ist relativ schwer nachzumachen, denn es ist mit ungeheuer viel Arbeit und Wissen verbunden. Wer ein zweiter Warren Buffett werden will, der muss nicht nur so früh anfangen wie der nach wie vor bescheiden lebende Milliardär, der lieber Cola als Champagner trinkt – er oder sie muss auch immens fleißig sein, einen scharfen Verstand besitzen und vor allem von allergrößter Urteilssicherheit sein. Nicht grundlos war Buffett der einzige Absolvent der Columbia University Business School, dem Professor Benjamin Graham je die Bestnote zugestand.

Warren Buffetts Methode wird nach ihm »Buffettology« genannt und bedeutet schlicht, dass er versucht, Unternehmen ausfindig zu machen, deren tatsächlicher Wert höher ist als ihr Aktienkurs. »Buffett verließ sich in der Beurteilung stets nur auf seine eigenen Analysen, nie auf Gutachten von Wirtschaftsprüfern«, schreibt das Munzinger-Archiv. Und das mit ungeheurem Erfolg: Wer sich 1970 mit nur 10 000 Dollar an Buffetts Holding-Gesellschaft Berkshire Hathaway Inc. beteiligt hätte, der hätte 1998 ein Aktienvermögen von 360 Millionen Dollar vorweisen können. Unglaublich? Unglaublich. Wir können nur staunen und den Hut ziehen, Warren Buffett zum Vorbild nehmen hieße sich überschätzen. Blicken wir uns lieber noch rasch nach einer anderen Person um, an der wir uns auf dem Weg zum Reichtum orientieren können. Übrigens macht Buffett vor, dass man auch als reichster Mensch der Welt kein unangenehmer, knauseriger Grantler sein muss. Die für viele Menschen gültige Gleichung, Geld verderbe den Charakter, hat auf besonders charmante Weise Thomas Gottschalk entkräftet. Nein, nicht auf sich selbst bezogen (»mir waren wohlhabende Menschen so lange suspekt, bis ich selber einer wurde«), sondern über den vielleicht noch etwas solventeren Gunter Sachs *(siehe Schlusskapitel)*, der als Erbe eines Riesenvermögens vormacht, dass man sich auch als reicher Mann nicht langweilen muss. Andere Reiche haben ebenfalls vorgeführt, dass man als Geldmensch nicht eindimensional werden muss: Der legendäre Deutsche-Bank-Chef Hermann Josef Abs war ein Kunstkenner von Gnaden, die Waschmittel-Witwe Gabriele Henkel ist eine stilvolle Gastgeberin und Sammlerin, Giovanni Agnelli verstand nicht nur etwas von Autos, und der reichste Angehörige der europäischen Königshäuser, Willem Alexander Prinz der Niederlande, hat sich nicht nur auf sein Thrönchen kapriziert, sondern ist ein international angesehener Experte für Wasserwirtschaft geworden.

So reich wie der niederländische Kronprinz dürften Sie nie werden, weswegen Sie sich auf dem Weg zum Millionär noch schnell von T. Harv Eker inspirieren lassen sollten.

Dieser amerikanische Motivationstrainer und Buchautor *(So denken Millionäre)* behauptet sinngemäß, es komme nicht so sehr auf Wissen als aufs Verhalten an. Arme und Angehörige der Mittelschicht würden oft unbewusst in Gelddingen dasselbe Verhalten an den Tag legen wie ihre armen oder mittelständischen Eltern: zu ängstlich, zu bescheiden, zu schnell mit kleinem Erfolg zufrieden, ohne den Willen zum großen Reichtum. Was man braucht, ist ein »Millionaire Mind«, also die innere autosuggestive Eigenprogrammierung. Mit anderen Worten: Wer Reiche beneidet, wird niemals selbst reich. Deshalb empfiehlt Eker den Lesern seines Buches und den Teilnehmern seiner (teuren) Intensivseminare, mit der Hand auf dem Herzen laut zu deklamieren: »Ich bewundere reiche Leute. Ich segne reiche Leute. Ich liebe reiche Leute. Eines Tages werde ich einer von ihnen sein.«

Ob das hilft? Versuchen Sie es einfach mal! Bei Mister Eker jedenfalls ging es gut. T. Harv Eker ist Millionär geworden – durch sein Buch.

Stur bleiben mit Churchill und Luther

Churchill könnte man für Vieles als Vorbild nennen. Als einen Mann von ungeheurer Energie zum Beispiel, der nicht nur zweimal in seinem Leben das Amt des britischen Premierministers einnahm, sondern auch Oppositionsführer war, Kriegsminister, Kriegsberichterstatter, Unterhausabgeordneter, Kolonialminister, Schatzkanzler, Kriegsgewinner, Wahlverlierer. Als einen Mann, der sich immer wieder von Niederlagen aufrappelte und emporstieg zu neuen Siegen. Als einen politischen Weltstar, der wie so viele andere Genies seine Karriere ungewöhnlich früh begann (mit sechsundzwanzig Jahren zog er ins Unterhaus ein). Als einen eigenbrödlerischen Kauz, der zu seinen Schrullen stand, früh und lange vor Ludwig Erhard die Zigarre zu einem Wiedererkennungsmerkmal machte und durch den Ausspruch »No sports« das Lebensmotto aller vergnügten Leibfaulen prägte; eine übrigens kaum zu unterschätzende Leistung, die ihm so en passant gelang. Als einem der vielen körperlich kleinen Männer, die es weit brachten – er maß nur 1,67 Meter. Als einem neben seiner politischen Arbeit ungewöhnlich produktiven Schriftsteller – als er 1953 den Literaturnobelpreis erhielt, umfasste sein Werk in damals fünfundfünfzig Lebensjahren siebenundzwanzig Bücher, darunter den Bestseller über den Zweiten Weltkrieg, der es auf die sagenhafte Auflage von 1,75 Millionen Exemplaren brachte. Als einem Schwermütigen, der seine schwarzen Stunden oft erfolgreich bekämpfte, indem er Gäste einlud oder malte. Aber dies alles soll hier keine Rolle spielen, Winston Churchill sei hier gepriesen als ein Musterbeispiel an Sturheit.

Gemeinhin wird Sturheit zumindest unterschwellig als etwas Negatives empfunden. Sturen Menschen wird nicht nur nachgesagt, dass sie beharrlich ihr Ziel verfolgen, sondern auch unbeeinflussbar sind, auf keine besseren Argumente hören, dass sie selbst dann noch bei ihrer Meinung bleiben, wenn alle Welt eine andere vertritt.

Sturheit darf aber auch als Talent und Charakterstärke begriffen werden. Zum Beispiel dann, wenn jemand wie Winston Churchill an einer Idee, einem Plan oder einer Überzeugung festhält. In seinem Falle lautet das positive Synonym für Sturheit: Unbeirrbarkeit.

Eine seiner Überzeugungen, die der auf einem Schloss geborene Enkel des 7. Herzogs von Marlborough ein Leben lang hegt, ist die entschiedene Ablehnung von Zwang und Unterdrückung, was wohl biographische Ursachen hat: Ständig fühlt er sich als Jüngling eingeengt – durch den übermächtigen Vater, die Schule, die Kadettenanstalt. Viel früher als seine Landsleute wittert der freiheitsliebende Mann auch den Ungeist, der von Hitler und dessen nationalsozialistischer Bewegung ausgeht, ebenso dessen latent aggressiven Expansionsdrang, den er schon im Oktober 1930 vorhersagte. 1933, im Jahr der Machtergreifung, als noch kaum jemand im Ausland ahnt, was mit Hitler auf Europa zukommt, beginnt er ungewöhnlich hellsichtig diesen Kampf, und er wird sechs Jahre später in seiner Artikelsammlung *Step by Step* beweisen, dass er längst vor 1939 überdeutlich vor Englands militärischer Schwäche und Deutschlands Aufrüstung gewarnt hat.

Dieses Buch verweist wie viele ähnliche Äußerungen seiner Zeitgenossen, auf das, was auch nach heutigem Forschungsstand als Churchills historische Lebensleistung gilt: dass er Hitlers Sieg verhindert hat. Er überzeugt die Briten in der scheinbar aussichtslosen Lage des Sommers 1940 davon, den Krieg noch nicht verloren zu geben, stärkt ihren Durchhaltewillen und legt die Grundlagen für den Sieg über Hitler-Deutschland.

In diesem Sommer 1940 ist Hitler auf dem Höhepunkt seiner Macht angelangt. Bald wird er Frankreich im Sturme nehmen, deutsche Truppen werden Paris besetzen, der Eroberer lässt sich symbolträchtig unterm Eiffelturm fotografieren. England ist im wahrsten Sinne des Worts schlecht »gerüstet« für die gut geschmierte deutsche Kriegsmaschinerie. In der britischen politischen Klasse überwiegen bis dahin noch immer die Anhänger des Appeasements, der Beschwichtigungspolitik. Churchills eigentliche Sturheitsleistung liegt ein paar Jahre zurück, als die vornehme Zurückhaltung gegenüber dem deutschen Aufrüsten in Großbritannien so allgemein akzeptiert war wie vielleicht in den siebziger Jahren des 20. Jahrhunderts in Deutschland die scheinbar unabänderliche Dauerhaftigkeit der Teilung des Landes. Seine Leistung besteht darin, gegen den Zeitgeist nicht von seiner Überzeugung abgewichen zu sein.

Als er aber zurückkehrt in die große Politik, als er am 10. Mai 1940 Premierminister wird, da denken auch die Briten um, denn Hitler setzt soeben dazu an, Frankreich zu überrennen. Drei Tage später hält der neue Premier im Unterhaus eine Antrittsrede, die später das Gütesiegel »historisch« erhalten wird. Churchills schon früh ausgeprägter Hang zum Pompösen und Dramatischen – vorher und später oft genug unangemessen – hat hier den richtigen Augenblick, die passende Gelegenheit gefunden. Bis heute schwingt das Pathos der Stunde mit, wenn wir die Hauptaussage hören: »I have nothing to offer but blood, toil, tears, and sweat« – Ich habe nichts anzubieten als Blut, Mühsal, Tränen und Schweiß. Viele Jahrzehnte später wird Helmut Schmidt in der ›Zeit‹

über diese Rede sagen: »Ein Machtwort war das nicht, aber ein gewaltiges Wort, das das ganze englische Volk zum Widerstand gegen Hitler mobilisierte.« Churchill selbst umschrieb die Wirkung seiner Mobilisierungs- und Durchhaltepolitik später mit den Worten: »Der glückliche Zufall wollte es, dass ich dazu berufen war, den Löwen zum Brüllen zu bringen.«

Was sind nach der Meinung dieses Welterfolgspolitikers übrigens die Eigenschaften, die einen fähigen Staatsmann ausmachen? Sir Winston rekurriert bei der Antwort auf diese Frage nicht auf die Historiker oder Philosophen, er zieht einen Vergleich aus der Tierwelt heran: »Zu einem guten Politiker gehören die Haut eines Nilpferdes, das Gedächtnis eines Elefanten, die Geduld des Bibers, das Herz des Löwen, der Magen des Vogels Strauß und der Humor einer Krähe. Diese Eigenschaften sind allerdings noch nichts wert ohne die Sturheit des Maulesels.«

Bleiben wir beim Thema, aber gehen wir vier Jahrhunderte zurück. Es ist kein Krieg, der Deutschland bedroht, aber es tobt dennoch ein gewaltiger Kampf, der das Land nachhaltig verändern wird. Es ist die Reformation, und ihr Held heißt Martin Luther. Darf man auch Martin Luther als stur bezeichnen? Ja, man darf. Stur und unbeirrbar hält er sein Leben lang an seinen Überzeugungen fest, auch da, wo es weh tut. Auch da, wo andere eingeknickt wären.

Luther wächst in einer Welt voller düsterer, enger und strenger Verhältnisse auf, in einer Gesellschaft der Unterdrückung, der Buße, der Strafe und der Furcht. Das beginnt im Elternhaus mit dem gestrengen Vater, der ihn schlägt. Es setzt sich fort in der Lateinschule, die nicht von ungefähr so heißt: Die Schüler haben sich lateinisch zu Wort zu melden, sonst trifft sie die Rute (der kleine Martin soll sie an einem einzigen Tag fünfzehnmal gespürt haben). Schließlich drückt auch das Klosterleben in Erfurt den Augustinermönch durch eine fortwährende Angst vor der Strafe Gottes, durch das Aufstehen um 2 Uhr früh und die erste Mahlzeit gegen Mittag physisch und psychisch nieder, Luther lebt in einem Kosmos aus Angst, Kontrolle und Strafe. Die Begriffe, die sein Leben und Denken bestimmen, heißen Sünde, Sühne, Beichte, Reue, die permanente Bedrohung ist ein Dauerschrecken aus fünf Buchstaben und heißt Hölle.

Aber er lehnt sich auf. Er erträgt die Unterdrückung nicht länger. Luthers Weg ist ein einziger Akt der Befreiung. Der Vater will, dass der Sohn Jurist wird, Martin setzt sich zum Zorn der Eltern darüber hinweg und tritt ins Augustinerkloster ein. Er ist bereits Doktor der Theologie, als er beim Studium des *Römerbriefes* eine Art Erweckungserlebnis hat. Er entdeckt die Freiheit der Christen, die darin liegt, dass Gott die Menschen durch Gnade erlöst, nicht als Belohnung für gute Werke, auch nicht durch andere Leistungen, sondern *sola gratia*, allein aus Gnade. Nur ein auf diese Weise gestärkter Christ wird später wie Luther die Kraft aufbringen, auch vor den höchsten weltlichen Herren, dem Kaiser und den Fürsten, standhaft seine eigene Meinung zu vertreten. Luthers Entdeckung der Gnade Gottes ist wiederum ein Befreiungsakt, eine Unabhängigkeitserklärung vor der Meinung der Welt.

Und so wie heute jeder Autor eines Bestsellers einen Nerv treffen muss, ein Bedürfnis sehr vieler Menschen, zu genau diesem Thema etwas Wissenswertes, Anregendes oder Agitierendes zu erfahren, so trifft der Doktor Martinus Luther im Jahr des Herrn 1517 punktgenau die Seelentemperatur eines ganzen Volkes, als er seine *95 Thesen* unter die Menschen bringt. Es sind lauter kurze Sätze wie diese 21. These: »Daher irren die Ablassprediger, die da sagen, dass durch des Papstes Ablass der Mensch von aller Strafe los und selig werde.« Und die 36. lautet: »Ein jeder Christ, der wahre Reue und Leid hat über seine Sünden, der hat völlige Vergebung von Strafe und Schuld, die ihm auch ohne Ablassbrief gehört.«

Das ist eine Revolution. Das gemeine Volk soll keinen Papst, keinen Bischof, keinen Priester mehr brauchen zur Vergebung der Sünden? Vollkommene, ehrliche Reue allein soll schon genügen? Geld zu zahlen für Ablassbriefe ist unnötig und das Kassieren ein Betrug der Kirche an ihren Gläubigen? Das ist eine Kampfansage. Das richtet sich gegen das ganze damals etablierte System des Katholizismus, es greift den Papst persönlich an, denn Luther fragt, warum der reiche Mann aus Rom das Geld der Gläubigen braucht, um St. Peter zu bauen.

Der Ablasshandel ist ein geniales System zur Finanzierung der Kirche. Früher hatten die Gläubigen ihre Sünden, auch die intimsten, einem Priester beichten müssen, eine unangenehme Angelegenheit. Dem schlichten Volke wird nun eingeredet, durch den Erwerb eines Ablassbriefes Sünden tilgen zu können – im Nachhinein, im Voraus und sogar zur Abgeltung der Sünden verstorbener Angehöriger. Ohne Beichte, ohne Reue, ohne Buße, ohne den Vorsatz der Besserung. Wohin fließen die Gelder? Zur Hälfte dienen sie dem Bau des Petersdoms in Rom, die anderen fünfzig Prozent gehen im konkreten, Luther betreffenden Falle an den Bischof Albrecht. Der muss Schulden bei den Fuggern begleichen und bedient sich der exzellenten Verkaufstalente des Ablasshändlers Tetzel, der wiederum die Hälfte seiner Umsätze für sich behalten darf. Es handelt sich also um ein sehr frühes, sehr modernes Vertriebssystem, um eine Drückerkolonne im Auftrag des Herrn: Der Papst gewährt kraft seiner spirituellen Autorität den Nachlass der Sünden und kassiert von jedem eingenommenen Dukaten fünfzig Prozent, der Bischof als Zwischenhändler bekommt fünfundzwanzig Prozent und der Direktverkäufer Tetzel ebenfalls ein Viertel. Der Ablass für einen Meineid zum Beispiel kostet neun Dukaten, Vielweiberei wird schon für sechs verziehen.

Luther bemerkt den immer schwungvolleren Handel mit Ablässen daran, dass er immer weniger Menschen in seinem Beichtstuhl vorfindet. Sie kaufen lieber die anonyme Vergebung der Sünden, als sie zu gestehen. Er beobachtet die Sache genau und zieht in seinen *95 Thesen* schließlich die Konsequenzen.

95 kurze Sätze. Aber welche Kraft in ihnen steckt! Wie ein Funke eine altersschwache Scheune voller Stroh in Minuten in ein loderndes Inferno verwandelt, so treffen diese Thesen den Geist der Zeit. Wie ein Lauffeuer sprechen sie sich herum, werden in gelehrten Kreisen, aber vor allem im Volk diskutiert und beklatscht. Luther hat die epochale Bedeutung seiner Sätze weder vorhergesehen noch erwünscht. Zum Shooting Star seiner Zeit wird er unfreiwillig. Er wird bejubelt und angegriffen, vor allem die Kirche macht Druck. Der päpstliche Legat bestellt ihn in Augsburg ein, Luther soll widerrufen. Doch der aufrechte und sture Theologe von der Universität Wittenberg denkt nicht daran.

Schließlich lädt ihn am 17. und 18. April 1520, zweieinhalb Jahre nach der Veröffentlichung seiner Thesen, der Kaiser zum Reichstag nach Worms ein. Auf dem Weg dorthin wird Luther gefeiert wie ein Held, die Menschen säumen die Straße, um ihn zu sehen. Auf dem Reichstag selbst ist die Stimmung weit weniger freundlich. Der neu gewählte Kaiser Karl V. hat die Zusammenkunft einberufen. Der junge Monarch, soeben erst von den Kurfürsten auserkoren (sie heißen Kurfürsten, weil sie küren, also wählen dürfen) erweist sich letztlich als fairer Gegner.

Am 17. April also steht Doktor Martinus Luther vor dem Reichstag, vor dem Kaiser, den Fürsten und den Reichsständen. Wie angespannt er bei diesem Auftritt sein muss, zeigt sich indirekt an der Erleichterung, nachdem alles überstanden ist und er befreit ausruft: »Ich bin hindurch!« Noch aber steht er hier vor den Mächtigen des Reiches, und Luther lässt schon in seiner Anrede keinen Zweifel daran, wer hier die Chefs sind: »Allergnädigster Herr und Kaiser! Durchlauchtigste Fürsten! Gnädigste Herrn!«

Der Offizial des Erzbischofs von Trier befragt ihn streng: Sind diese Bücher hier von ihm? Kennt er den Inhalt? Ist er bereit zu widerrufen? Da geschieht das Ungeheure. Vor den Machthabern des ganzen Landes bittet der Mönch um Bedenkzeit. Was bildet er sich ein? Was glaubt er, wer er ist? Er lässt die hohen Herren warten! Karl V. gewährt ihm die Frist.

Nein, es ist keine Anmaßung, es ist eine Mischung aus Sturheit, Zivilcourage und dem unbeirrten Drang, das Richtige zu tun. Dass der Mann, der die Welt verändern wird, nicht auftrumpft, zeigt sich am nächsten Tag schon bei seiner Vorrede. Um 16 Uhr ist er wieder vor dem Reichstag erschienen. Wenn er aus Unkenntnis vielleicht irgendjemanden nicht in der richtigen Form anreden oder sonst gegen höfische Etikette verstoßen sollte, bittet er um Entschuldigung: »Denn ich bin nicht bei Hofe, sondern im engen mönchischen Winkel aufgewachsen.« Aber so demütig er im Ton beginnt, so hart bleibt er bei seiner Überzeugung. Nein, er widerruft nicht. Er nimmt sich das Recht, von der Freiheit, die er in jedem Christenmenschen erkannt hat, auch selbst Gebrauch zu machen, nur seinem Gewissen fühlt er sich verpflichtet. Und der Heiligen Schrift: Weder dem Papst, sagt er, noch den Konzilien wolle er sich unterordnen, denn es stehe fest, dass beide sich schon geirrt hätten. Gebunden fühlt er sich an die Bibel, er fühlt sich gefangen im Worte Gottes. Und dann spricht er die historischen Worte: »Daher kann und will ich nichts widerrufen, weil wider das Gewissen etwas zu tun weder sicher noch heilsam ist. Gott helfe mir, Amen!« Dass er gesagt haben soll: »Hier stehe ich, ich kann nicht anders«, ist historisch nicht verbürgt.

Luther wird freies Geleit zugesichert, kurz darauf wird jedoch die Reichsacht ausgesprochen, er ist vogelfrei. Sein Kurfürst Friedrich der Weise lässt ihn entführen (mit Luthers Einverständnis) und auf die Wartburg bringen. Er ist inkognito dort, lässt Bart und Haare wuchern, nennt sich Junker Jörg. Er übersetzt die Bibel aus dem Griechischen in sein kraftvolles Deutsch, er leistet damit einen unschätzbaren Beitrag zur Vereinheitlichung der deutschen Sprache. Der Rest ist bekannt.

Zwei Männer, mehr als vierhundert Jahre liegen zwischen ihnen, haben die Welt, in der sie lebten, nachhaltig beeinflusst, ja verändert. Wie würde Europa heute aussehen, hätte kein Winston Churchill sein Volk und die Alliierten angetrieben, Hitler zu widerstehen? Wie sähe Deutschland heute aus ohne Luther und die Reformation, ohne die folgenden Bauernkriege, den Dreißigjährigen Krieg, ohne das Pochen auf die Freiheit des Christenmenschen? Zwar gäbe es den einen und einzigen (katholischen) Glauben, aber wäre Deutschland nicht ärmer ohne diese prägende evangelische, freiheitliche, mal verkniffen schmallippige, mal liberal bis radikaldemokratische Fähigkeit zum Diskurs?

Zwei historische Figuren, kaum vergleichbar, waren zur rechten Zeit zur Stelle und ließen sich nicht von ihrem Wege abbringen, gleichgültig, wie heftig der Wind des Zeitgeistes ihnen entgegenblies. Wir staunenden Betrachter lernen: Sturheit kann etwas sehr Gutes und Folgenreichendes sein.

Sich anstacheln lassen mit Hillary Clinton

Sie hatten einen überaus strengen Vater? Der überdies außerordentlich starrköpfig war, keine andere Meinung gelten ließ und geizig war bis zum Exzess? Das mag alles unangenehm für Sie gewesen sein. Aber gut für Ihre Karriere. Möglicherweise hätten Sie es mit diesem familiären Hintergrund bis zur Senatorin von New York gebracht. Wie Hillary Clinton.

Sie wuchs mit einer Mutter auf, deren albtraumartige Kindheit auch Charles Dickens nicht grausamer hätte erfinden können. Und Hillarys Dad war, wie sie selbst in ihrem Erinnerungsbuch *Gelebte Geschichte* schreibt, »unglaublich sparsam und konnte Verschwendung nicht ertragen«. Selbst über ein neues Kleid für Hillarys Abschlussball musste wochenlang hart mit ihm verhandelt werden. »Vergaß eines von uns Kindern, die Verschlusskappe auf die Zahnpastatube zu schrauben, warf mein Vater diese aus dem Fenster und wir mussten hinausgehen, und sei es bei Schnee, um in den Büschen vor dem Haus danach zu suchen.« Und als die kleine Hillary im vierten Schuljahr in Mathe nicht mitkam, da weckte er sie morgens extra früh auf, um die Multiplikationstabellen mit ihr zu pauken. Brachte sie gute Noten heim, knurrte er nur: »Dann kann die Schule ja nicht so schwer sein.«

Grässlich, oder? Auf einen solchen Vater hätten Sie dankend verzichtet? Klar, aber aus Ihnen ist eben auch nicht Hillary Clinton geworden. Die im Laufe ihres Lebens noch einiges wegstecken musste. Ihre härteste Bewährungsprobe dürfte die Lewinsky-Affäre gewesen sein. Sie begann relativ harmlos: »Am Morgen des 21. Januar, es war ein Mittwoch, weckte mich Bill früh am Morgen. Er setzte sich auf die Bettkante und sagte: ›Es steht etwas in den Zeitungen, das du wissen solltest.‹«

Was dann folgte, war der Tornado einer Affäre, wie ihn die Welt selten erlebt hat, an dessen Ende Millionen Menschen nicht nur in Amerika aus dem Internet erfuhren, was eine gewisse Monica Lewinsky in einem Abhörprotokoll über sexuelle Handlungen mit dem Präsidenten der Vereinigten Staaten von sich gab. Fast bis zum Schluss war Bill Clinton gegenüber seiner Frau feige geblieben: »Er stritt jegliches unangemessene Verhalten ab, gestand jedoch ein, dass die junge Frau seine Aufmerksamkeit möglicherweise falsch interpretiert haben könnte.«

Wird eine Frau, die nicht im Lichte der Öffentlichkeit steht, von ihrem Mann betrogen, ist das schmerzlich genug. Aber vor den Augen ganz Amerikas, ja fast der Welt bloßgestellt zu sein, vom Ehemann erst in letzter Minute mit der Wahrheit konfrontiert zu werden – das auszuhalten, darauf hat sie die Härte ihrer Kindheit sicherlich ein wenig vorbereitet. Was sie mit Heide Simonis verbindet, der ehemaligen Ministerpräsidentin aus Kiel. Bei ihr war der Leistungsbeschleuniger nicht der strenge Vater, sondern die zickige Mutter. Im Gespräch mit Herlinde Koelbl macht Simonis daraus kein Geheimnis: »Der schlimmste Bannfluch meiner Mutter war: Wenn du in der Schule nicht durchkommst, wirst du Schneiderin oder Friseuse, und dann kannst du später deinen Schwestern, die es zu etwas gebracht haben, die Kleider nähen oder die Haare machen. Das hat mich so geärgert, dass ich mir gesagt habe, der zeige ich es!«

Jede Kindheit bleibt im Guten wie im Schlechten lebensbestimmend. Natürlich darf man niemandem schlimme

Jahre als Kind wünschen, vor allem dann nicht, wenn sie zu irreparablen Schäden geführt haben. Aber jeder überstehbare Schaden kann doch auch seine produktive Wirkung entfalten – rundum glückliche Menschen werden in den seltensten Fällen zu großen Malern, Politikern, Komponisten und Schauspielern.

Oder auch nur zu Unterhaltungsgrößen: »Ausgeglichenheit und Harmonie führen in eine kreative Leere.« Hat Udo Jürgens gesagt. Und sein Komponistenkollege aus dem etwas ernsteren Fach, Hans Werner Henze, drückt es vielleicht noch plastischer aus: »Als Kind hatte ich O-Beine, Schielaugen und das linke Bein war kürzer. Deshalb mein zwanghaftes Mühen um künstlerische Makellosigkeit.« Man kann es aber auch mit dem Modeschöpfer Wolfgang Joop sagen: »Ein mittlerer Schmerz führt nicht zu einer großen Karriere.« Oder mit Georges Simenon: »Wenn ich mich in meiner Haut nicht wohl fühle, schreibe ich einen Roman, das ersetzt die Psychoanalyse.«

Apropos Haut – seit seinem siebten Lebensjahr leidet John Updike an Psoriasis, und er weiß, wovon er redet: »Deine vom Ausschlag blühende Haut sondert dich ab und ist eine nie versiegende Quelle von Scham und demütigender Schande.« Der vielfach preisgekrönte Autor der vierteiligen *Rabbit*-Reihe und weiterer großer Romane, Kurzgeschichten und Gedichte, der seit Jahren für den Literaturnobelpreis gehandelt wird, weiß aber eben auch um die produktive Wirkung seiner Schuppenflechte: »Ich wurde ein Experte für Geheimhaltungsstrategien, für Tarnungen, Verhüllungen, Masken und Verstellungen. Diese Camouflage-Techniken helfen, aus dir einen guten Romanautor zu machen. Auch meine Selbstbesessenheit und mein Beobachtungszwang haben sicher damit zu tun, dass ich jahrzehntelang im Krieg mit meiner Haut war.«

So, wie sich niemand Hauterkrankungen als Leistungsverstärker aussuchen würde, ist auch die Schwermut kein Lebensbegleiter, den man sich wünschte. So wenig wie Altersdemenz. Inge Jens hat im ›Stern‹ leidgeprüft, ehrlich und bewegend über den Seelenschmerz berichtet, den sie bei der Begleitung ihres demenzkranken Mannes Walter Jens verspürte: »Ich bin jemand, der seinen Partner verloren hat. Den Mann, den ich liebte, gibt es nicht mehr. Dass ich seine Frau bin, das sagt ihm nichts.«

Walter Jens demenzkrank, ein Mann, der beim Essen sein Glas in den Spinat stellt, im wahrsten Sinne des Wortes »geistesverloren« vor sich hin starrt – unfassbar! Jens gehörte doch einst zu den Geistesheroen des Landes. Unablässig im Fernsehen, ein glänzender Redner, Rhetorikprofessor in Tübingen, Autor zahlloser Bücher, gescheiter wissenschaftlicher Aufsätze und Zeitungskolumnen. Der Mann, der gesagt hatte, ohne Schreiben könne er nicht leben. Und nun das.

Dieser Walter Jens war einst auch depressiv gewesen, zwanzig Monate lang. Aber das war etwas ganz anderes, sagt seine Frau: »Das Tröstliche an einer Depression ist, es gibt Wege aus dieser Krankheit. Sie können etwas tun. Sie können reden. Und wir sind damals stundenlang gewandert und haben geredet und geredet.«

Mit Schwermut mussten viele bedeutende Menschen fertig werden, und sie haben sie nicht mit jenem Fatalismus hingenommen wie Robbie Williams: »Ich nehme jeden Tag das Antidepressivum Effexor, und ich sehe auch keinen Grund, von diesen Pillen loszukommen.« Vielleicht erweist sich Größe eben darin, dieser Geißel zu trotzen, sie manchmal sogar produktiv in den Schaffensprozess einzubeziehen. Die Schweizer Autorin Johanna Spyri, unglücklich verheiratet und jahrelang von Depressionen und dem Heimweh nach dem väterlichen Dorf geplagt, Autorin des Welterfolgs

Heidi und von weiteren dreißig Büchern, entkam ihrem Leid durch eine fortwährende Schreibtherapie: »Schreibend«, sagt der Spyri-Kenner Jürg Winkler, »gelang es ihr schließlich, ihre eigenen Nöte zu überwinden und damit ihre wirkliche Welt, in die sie hineingestellt wurde, erst eigentlich zu bewältigen«.

Auch vor der noch leichteren Muse macht die Schwermut nicht halt: Johann Strauß junior, der Schöpfer so genialer heiterer Musik wie des Walzers *An der schönen blauen Donau* oder der Operette *Der Zigeunerbaron*, fordert seine lebenslustigen Klänge, die heute manchmal zur Behandlung Gemütskranker eingesetzt werden, seinen eigenen schwärzesten Stimmungen ab. Überdies war er krankhaft geizig, litt an Verarmungswahn und versteckte sich, wenn der Zug durch den Tunnel fuhr, unter seinem Sitz. Seiner Musik hat das so wenig geschadet wie der von Robert Stolz. Der komponierte nicht nur zweitausend Schlager und zahlreiche Operetten wie *Zwei Herzen im Dreivierteltakt*, er litt auch an depressiven Verstimmungen und klaustrophobischen Zuständen, an denen er sich in seiner Musik abarbeitete.

Einar Schleef hat sich am Theater abgearbeitet. Aus ihm wäre vermutlich ein ordentlicher leitender Angestellter geworden, wäre das Schicksal nicht so unbarmherzig mit ihm umgegangen. Als Erstes bescherte es ihm einen garstigen Vater: »Mein Vater ist mit Angina pectoris aus dem Krieg zurückgekommen, um dann 26 Jahre lang zu sterben. Es gab jeden Tag Dresche. Das war damals normal.« Das allein würde ja schon reichen für lebenslange seelische Schmerzempfindlichkeit. Doch für Einar Schleef kam es noch schlimmer: Er war sechzehn, als er – die Tür war defekt – aus einem fahrenden Zug stürzte und auf einem Stapel Betonschwellen aufschlug.

Ein Jahr verbrachte er in einem Acht-Betten-Zimmer eines DDR-Krankenhauses: »In den ersten Wochen im Krankenhaus brachte ich kein einziges Wort heraus. Dann musste ich Sprache völlig neu lernen. Seither stottere ich heillos.« Die Nöte des Stotternden hat er später eindringlich in der dritten Person beschrieben: »Wütend spürt er den Schmerz, hört seinen Kiefer klappen, der unabhängig von ihm motorisch wird, der Stotternde braucht mehr Luft, wiederholt die einfache Bewegung, bis der Kiefer dem Gehirn gehorcht, bis die Zähne schmerzen, bis das Ohr das Klappgeräusch nicht mehr erträgt und abstellt: Alle sind scheu vor ihm gewichen.«

Was macht das Schicksal mit so einem, dem so viel Lebensmissgunst zustößt, der seinen Makel so hörbar in jeder privaten und beruflichen Situation, jede Sekunde lang, mit sich führt? Es macht ihn zu einem Zerrissenen, einem dauerhaft Unglücklichen, der gegen sein Unglücklichsein mit kreativen Mitteln aufbegehrt, zu einem Künstler, einem Regisseur, Bühnenbildner und Schauspieler, dessen Arbeit ohne diese Vorgeschichte so nicht denkbar wäre. Einar Schleef war ein grandioser Theatermann, einer, über den Elfriede Jelinek in gewohnter Radikalität urteilte: »Es hat in Deutschland nur zwei Genies gegeben: Im Westen Fassbinder, im Osten Schleef.«

Einar Schleefs Inszenierungen hatten unmittelbar etwas mit seiner verstörten Natur zu tun, im Theater gelang es ihm, seine Zerrissenheit zu kitten, was ihn übrigens mit (dem nicht ganz vergleichbaren) Bruce Willis verbindet, der gesagt hat: »Ich fand heraus, dass ich nicht stottere, wenn ich auf einer Bühne stehe. Deswegen eigentlich wollte ich Schauspieler werden.« So ähnlich war es eben auch bei Einar Schleef, über den sein Förderer Günther Rühle schrieb: »Er allein auf der Bühne, Text schleudernd in den selbst gebauten und inszenierten Raum, das verkörperte die gesuchte Einheit und das Bei-sich-selbst-Sein und war zugleich ein ästhetisches Ereignis.«

Natürlich darf man niemandem die inneren und äußeren Verletzungen wünschen, mit denen Einar Schleef fertig zu werden hatte. Aber sie wurden zum Auslöser großer Theaterarbeit. Ohne diesen prügelnden Vater, ohne diesen grauenhaften Unfall, ohne dieses Stottern hätte es höchstwahrscheinlich einen bedeutenden Regisseur weniger gegeben.

Die Herkunft aus sogenannten einfachen Verhältnissen, die Armut der Kindheit, das Ausgegrenztwerden, die Nichtachtung und Nichtbeachtung sind weitere erstklassige Karrierestimulanzen. Kaum jemand hat darüber so ehrlich wie der deutsche Schriftsteller Wolfgang Koeppen und so witzig wie der britische Schauspieler Michael Caine Auskunft gegeben.

Wolfgang Koeppen hat unter seiner Existenz als uneheliches Kind gelitten. Erst wurde er abgelehnt, später entfloh er diesen Kränkungen in einen perversen Stolz, er genoss sein Leid: »Ich ging absichtlich gebeugt. Ich wünschte mir einen Buckel. Ich wollte ausgestoßen sein.«

Michael Caine wurde als Sohn eines armen Mannes geboren, als Maurice Micklewhite, doch im Jahr 2000 ob seiner Erfolge als Schauspieler von der Queen zum Ritter geschlagen. Er bat darum, nicht unter seinem Künstler-, sondern seinem Geburtsnamen geführt zu werden. Als Sir Maurice genießt es Michael Caine wie kein Zweiter, es zum Gentleman gebracht zu haben: »Ich habe mich zeitlebens als Außenseiter und Opfer britischen Hochmuts gefühlt. Mein Cockney-Akzent in meiner Heimat ist das, was schwarze Haut in den USA ist.« Heute, da er es geschafft hat, da er es zu Wohlstand, Ruhm, Adelstitel, zwei Oscars und einem Haus gebracht hat, »dessen Kaufpreis wie eine Telefonnummer mit ausländischer Vorwahl« aussieht, da freut er sich mit allem Euchhabe-ich-es-gezeigt-Stolz: »Heute bin ich der Alptraum der britischen Bourgeoisie: ein Cockney-Proll, der es zum mehrfachen Millionär gebracht hat und weiß, dass Amuse-gueules etwas sind, das man essen kann.«

Dieser beständig schmerzende Dorn im Fleisch, der Menschen zu außergewöhnlichen Leistungen »anstachelt«, kann auch außerhalb der eigenen Natur oder Lebensgeschichte liegen, zum Beispiel in anderen Menschen. Wie bei Oskar Kokoschka. Er »ist als Mann und Mensch ein höchst seltsames Gemisch«, urteilte Alma Mahler über ihren Verehrer, in dessen Leben sie eine ganz besondere Rolle spielen wird. »Schön angelegt als Gestalt, stört etwas in der Struktur. Er ist groß und schlank, aber seine Hände sind rot und schwellen oft an. Die Fingerspitzen sind so durchblutet, dass, wenn er sich die Nägel schneidet, und etwas ritzt, das Blut im Bogen wegschießt.« Einst bekam Alma einen feuerroten Pyjama geschenkt, dessen Farbe ihr zu aufdringlich war. Kokoschka annektierte ihn sofort und spazierte von nun an in diesem roten Schlafanzug durch sein Atelier: »Er empfing darin die erschreckten Besucher und stand mehr vor dem Spiegel als vor seiner Staffelei.«

Um jeden Preis will dieses große Kind, diese naive, begabte, verquere Naturgewalt die sieben Jahre ältere Witwe Gustav Mahlers heiraten. Doch die beiden haben sich »kräftig aneinander wundgerieben«, wie Alma schreibt. Kokoschkas Eifersucht grenzt ans Absurde, nachts patrouilliert er unter ihrem Fenster, bis zwei Uhr, manchmal bis vier, nur um sicher zu sein, dass kein anderer »Kerl« sich ihr genähert hat. Irgendwann nach vielen Tränen, viel Dramatik und Geschluchze macht Alma Schluss: »Ich liebte dieses Genie und das ungezogene, störrische Kind in ihm. Es wäre schön gewesen, wenn er mir das geglaubt hätte. So aber jagten seine Eifersucht und sein Mißtrauen unsere Bindung zu Tode.«

Kokoschka ist am Boden zerstört. Doch anders als andere, die sich jetzt in Depressionen, in den Suff oder in Fressattacken flüchten würden, stürzt er sich in seine Arbeit. Sein Meisterwerk *Windsbraut* entsteht – Alma und er aneinandergeklammert in bewegter See. Auch in den Lithografie-Zyklen *Der gefesselte Kolumbus* und *Bachkantate* setzt der literarisch gleichfalls begabte Kokoschka seine inneren Dramen in Kunst um. Um der Quälerei ein Ende zu machen, meldet er sich freiwillig zum Kriegsdienst, wird in Galizien vom Pferd geschossen und schwer verwundet. Noch immer aber ist er über seine große Liebe nicht hinweg, er versucht, sich in seinem Drama *Orpheus und Eurydike* seine Verzweiflung vom Herzen zu schreiben – da verfällt er eines Tages auf eine groteske Idee: Bei der Münchner Puppenmacherin Hermine Moos bestellt er eine lebensgroße Alma-Puppe, die dem Vorbild aus Fleisch und Blut täuschend ähnlich sein soll. Während des sich hinziehenden Schöpfungsprozesses spart er nicht mit Anweisungen. Den Körper wünscht er sich »pfirsichähnlich im Anfassen«. Und über den Mund der Puppe will er wissen: »Sind auch Zähne und Zunge drinnen? Ich wäre glücklich.«

Als der liebeskranke Mann die sonderbare Nachbildung schließlich in Händen hält, ist er enttäuscht: »Ich bin ehrlich erschrocken über Ihre Puppe«, schreibt er der armen Schöpferin. Als Liebesobjekt taugt dieser Fetisch nicht, stattdessen wird das leblose Ding, das er in feinste Kleidung gehüllt sogar in die Dresdner Oper mitgenommen haben soll – vielleicht schon in dadaistischer Ironisierung –, von ihm zum Modell umfunktioniert. Er baut allmählich Distanz auf, sieht diese »Alma« als das an, was sie ist, ein absurder Fetisch aus Draht, Pferdehaar, Watte, Seide, Daunen und Baumwollflausch. Vielleicht war es das Beste für Kokoschka, dass die falsche Alma so wenig Ähnlichkeit hatte mit der richtigen, denn nun setzt eine allmähliche Verdinglichung ein, in zahlreichen Zeichnungen hält er sie als Puppe fest, das heißt als grotesk verrenktes Etwas, nicht mehr als Alma-Ersatz. Und dann ist es eines Tages genug: »Endlich, nachdem ich sie hundertmal gezeichnet und gemalt hatte, habe ich mich entschlossen, sie zu vernichten. Die Puppe hatte mir die Leidenschaft gänzlich ausgetrieben. Ich machte also ein großes Champagner-Fest mit Kammermusik, während dessen mein Kammermädchen Hulda die Puppe mit all ihren schönen Kleidern zum letzten Mal vorführte. Als der Morgen graute – ich war wie alle anderen sehr betrunken –, habe ich im Garten der Puppe den Kopf abgehackt und eine Flasche Rotwein darüber zerschlagen. Am nächsten Tag schauten ein paar Polizisten zufällig durch das Gartentor, erblickten wie sie meinten den blutüberströmten Körper einer nackten Frau und stürzten in der Verdächtigung eines Liebesmordes ins Haus hinein. Genau genommen war es das auch, denn an jenem Abend hab ich die Alma ermordet.«

Irre? Irre! Aber gut gemacht. Oskar Kokoschka hat sich den Stachel, der in seinem Fleisch wütete, selbst herausgezogen. Er hat aus Kummer Arbeit und aus Arbeit Kunst gemacht. Zur Nachahmung sei sein Beispiel dennoch nicht empfohlen. Wer heute in Begleitung einer lebensgroßen Puppe in die Oper ginge, würde entweder sofort in die Geschlossene eingewiesen oder zum Mittelpunkt eines Mehrteilers bei *RTL*.

Wir brauchen jetzt auch nicht mehr sehr ausführlich auf die unterschiedlich großen, tief sitzenden oder mit besonders widrigen Widerhaken versehenen Stachel einzugehen. Wir brauchen nicht mehr lange nachzugrübeln, warum aus Will Quadflieg ein so grandioser Schauspieler wurde: »Ich war ein rachitisches, spilleriges, nickelbebrilltes Männchen mit abstehenden Ohren, dazu nervös, weltängstlich und krankhaft schüchtern. Den Ausweg aus meiner mönchischen Existenz vermutete ich im Theater.« Wir brauchen nicht ausführlich darüber nachzusinnen, warum Erwin Huber mit solcher Verve eine Karriere in der bayerischen Politik anstrebte, wenn wir wissen, dass er als jüngstes von drei Kindern einer Kriegerwitwe auf einem Aussiedlerhof ohne Strom und fließendes Wasser im tiefsten Niederbayern aufwuchs. Wir müssen auch nicht mehr groß der Frage nachsinnen, welchen Befeuerungsgrad Kleinwuchs (das Malgenie Adolph von Menzel maß 1,37 Meter) oder Missgestalt (Lichtenberg, Lord Byron) oder auch nur unschönes Äußeres (Kant, Schopenhauer, Gottfried Keller, Sokrates) auf die Karriere haben. Leistungsfördernd wirkt sich solcher Mangel nicht nur auf die Geistesgrößen aus, sondern gilt sogar für Fußballer. Franck Ribéry etwa hat diesen Zusammenhang ganz klar erkannt. Als zweijähriges Kind trug er nach einem Autounfall Narben im Gesicht davon: »Schon als Kind haben sie mich Quasimodo genannt, später Frankenstein, Scarface. Das hat verdammt weh getan. Ich bin weggelaufen, ich habe geheult. Ich habe dann meine ganze Wut in mein Spiel gepackt. Die Narben haben mir mehr geholfen als geschadet.«

Der Mann hat recht: Er hat in wenigen Worten die Quintessenz dieses Kapitels zusammengefasst. Sie lautet: Wer Größe anstrebt, heißt jede einzelne seiner Schwächen, seiner Verletzungen willkommen. Sie werden ihm helfen.

Ein guter Mensch werden mit Mutter Teresa

Das ist das Normale. Dass wir uns wehren. Dass wir dem Widersacher weh tun, durch Körperkraft oder böse Worte. Oder, wie Michael Mittermeier es ausgedrückt hat: »Als ich als Teenager beim Autoscooter von einem stärkeren Typen eins auf die Fresse bekommen habe, konnte ich es ihm verbal dreifach zurückgeben. Er hat mich trotzdem weiter verprügelt, aber ich wusste, was ich zu ihm gesagt habe, vergisst der nie.«

Ein gewisser Jesus von Nazareth sah das anders. Er predigte nicht Rache, sondern Liebe, und zwar eine Liebe, die bis dahin als Umkehrung des Natürlichen gelten musste, als gleichsam pervers – die zu seinem Feind: »Widersteht nicht dem, der böse ist, sondern wenn dich jemand auf deine rechte Wange schlägt, so wende ihm auch die andere zu.« Und wie oft soll man seinem Bruder verzeihen, vielleicht sieben Mal? Nein, gibt dieser Jesus zur Antwort, sieben mal siebenundsiebzig Mal. Übrigens hat er das fromme Zeug nicht nur gepredigt, er hat sich auch daran gehalten, er ließ sich sogar dafür kreuzigen.

Jesus ist mit seiner Friedfertigkeit zum Vorbild für viele Menschen geworden. Einer der bekanntesten unter ihnen dürfte Mahatma Gandhi gewesen sein, der zwar Hindu war, der aber seine *Bergpredigt* gelesen hatte, ehe er ein riesiges Land gewaltfrei in die Unabhängigkeit führte. Wobei für Gandhi Gewaltlosigkeit keineswegs die Ablehnung jeglicher Konfrontation mit dem Bösen bedeutete: »Sie ist meiner Auffassung nach im Gegenteil eine Form eines sehr aktiven

Kampfes – echter als der gewalttätige Gegenschlag, dessen Wesen im Grunde die Vermehrung der Boshaftigkeit ist.« Dem Konzept des Wangehinhaltens steht das im wirklichen Leben sehr viel erfolgreichere alttestamentarische Gegenmodell »Auge um Auge« gegenüber. Aber auch auf diesen Widerstreit fand Gandhi eine überzeugende Antwort: »Wenn wir Auge um Auge kämpfen, ist die Welt am Ende blind.«

Gut gesagt. Wollen Sie noch zwei andere starke Sätze hören? Getragen von jener Frömmigkeit, die nichts Süßliches oder sonstwie Unangenehmes hat? Bitte sehr. Der erste stammt von Dietrich Bonhoeffer und ist Teil eines Gedichts, das zum Hit unter den Kirchenliedern wurde: »Von guten Mächten wunderbar geborgen, erwarten wir getrost, was kommen mag.« Und es geht genauso betörend weiter: »Gott ist mit uns am Abend und am Morgen und ganz gewiss an jedem neuen Tag.«

Und was glauben Sie, in welcher Situation der evangelische Theologe diese Zeilen geschrieben hat? Auf einer Terrasse an einem lauen Sommerabend, wenn im Mondlicht die Kirschblüten ihre Schatten auf den Rasen zeichnen? Von wegen. Der Widerstandskämpfer schreibt diese Verse der Zuversicht im Dezember 1944 in der Haft, im Verhörkeller, in einer Lage also, in der ihm klar sein muss, dass sein Ende naht. Bald darauf, am 9. April 1945, geht er im Konzentrationslager Flossenbürg zum Galgen – nackt, wie es zur Erniedrigung der Gefangenen befohlen wurde. Der Lagerarzt bekundete, dass Bonhoeffers aufrechte Haltung ihn tief beeindruckte. »Von guten Mächten wunderbar geborgen«, das war also kein Spruch, kein Schnack, keine fromme PR, es war gelebter Glaube.

Und hier kommt der zweite Wahnsinnssatz. Er stammt von Mutter Teresa und zielt direkt ins Herz:

»Lasse nie zu, dass du jemandem begegnest, der nicht nach der Begegnung mit dir glücklicher ist.«

Gott! Was für ein Anspruch! Jeder von uns bekommt in Sekundenschnelle ein beklommenes Gewissen, überträgt er dieses Motto auf sein eigenes Leben. Hat man, mag man sich am Ende eines normalen Tages fragen, heute überhaupt irgendwen glücklich gemacht? Ist man ehrlich, fällt einem eher das Gegenteil ein: den stöhnenden Ehemann nicht getröstet, die Gattin nicht genug gelobt, die Kinder eigentlich nur zurechtgewiesen, dem Konkurrenten im Büro eine kleine Falle gestellt, dem Bruder nicht verziehen, schon gar nicht sieben mal siebzig Mal, wie es die Bibel fordert, der Sekretärin zum Geburtstag eine nichtssagende Karte an den Routineblumenstrauß geheftet, in der Kantine über die Kollegin hergezogen – und eigentlich den ganzen Tag immer nur auf den eigenen Vorteil bedacht gewesen. Und dann lesen wir, jeden sollen wir glücklicher machen, jeden!

Es geht hier um Moral. Es geht hier also nicht um jene gottbegnadeten Frohnaturen, die wie Goethes ewig vergnügte Mutter Frau Aja von sich sagen können, »dass noch keine Menschenseele missvergnügt von mir weggegangen ist«. Eines der späteren Kapitel dieses Buchs wird von Dale Carnegie handeln, dem amerikanischsten aller Lebensratgeber. Mutter Teresas Maxime hätte auch von ihm stammen können. Aber die Motivation wäre eine andere gewesen. Dale Carnegie fordert die Leser seines Bestsellers *Wie man Freunde gewinnt* auf, andere glücklich zu machen, weil sie dann deine Freunde sind, dir dankbar sein müssen, weil du sie dir verpflichtest, indem du ihr Leben schöner machst. Die albanische Ordensschwester dagegen handelt aus Nächstenliebe, ihr Motiv ist nicht selbstbezogen, sie will das Glück der anderen um des Glückes der anderen willen.

Wer war eigentlich diese Mutter Teresa? Oder: Wer war

sie, ehe wir sie unter diesem Namen kennenlernten? Geboren wurde sie als Tochter eines Bauunternehmers und seiner frommen Gattin am 27. August 1910 im albanischen Skopje, der heutigen Hauptstadt Mazedoniens, als Agnes Bojaxhiu.

Kommt jemand wie sie eigentlich gleich als Heilige zur Welt, als Sonderform menschlichen Verhaltens – voller innerer Anmut, voller Demut und beseelter Herzensgelassenheit? Nein. Jedenfalls nicht, wenn man Agnes' älterem Bruder Lazar glaubt, der sie so beschreibt: »Immer selbstsicher, pfiffig, niemals wortkarg und ohne Furcht vor Menschen.« Lammfromm also war sie keineswegs, eher das Gegenteil: »Sie neckte mich immer, suchte Streit, schlug mich, um mich herauszufordern, warf mich zu Boden, obwohl sie viel kleiner und zwei Jahre jünger war als ich.«

Mit achtzehn tritt sie in den irischen Loreto-Orden ein, geht bald nach Indien. Sechsunddreißig Jahre ist sie alt, als sie in einer Art Erscheinung den Befehl vernimmt, in die Slums zu gehen, unter den Armen und Ausgestoßenen zu leben, den Verschmähten und Kranken Barmherzigkeit zu schenken. Einen Orden will sie gründen. Und mit ungeheurer Energie setzt die kleine Person (sie maß kaum 1,50 Meter) ihre Pläne um. Es dauert nicht lange, bis Papst und Bischof ihr gestatten, ihre eigene Kongregation zu gründen, die *Missionaries of Charity*.

Kritik an ihr kam später aus mehreren Richtungen: Die indische Mittelschicht nahm es ihr übel, dass sie Kalkutta weltweit zum Synonym für Armut gemacht hatte. Von links wurde ihr vorgeworfen, dass christliche Zuwendung schön und gut sei, aber nichts an den grundlegenden Lebensbedingungen ändere. Wieder andere fanden die undogmatisch auftretende Frau autoritär, glaubten, die hygienischen Zustände in ihren Sterbehäusern seien unerträglich, oder warfen ihr vor, als Vorzeigechristin unter heftigen Attacken des Glaubenszweifels gelitten zu haben.

Fast nichts davon ist zu bezweifeln oder zurückzunehmen. Aber es bleibt doch Mutter Teresas unanfechtbare Leistung, dort geholfen zu haben, wo sich um das leidende, hungernde, sterbende Individuum sonst niemand gekümmert hätte. Die gewaltige Zahl derer, denen sie selbst, ihre Mitstreiterinnen und Nachfolgerinnen in unmittelbarer liebevoller Zuwendung begegnet sind – wollte man die leugnen? Und was ihre Glaubenszweifel betrifft, von denen sie heftig geschüttelt wird (»Der Himmel bedeutet nichts mehr – für mich schaut er wie ein leerer Platz aus«): Machen diese Zweifel sie nicht menschlicher? Und hat die kleine Frau mit dem großen Herzen nicht trotz ihrer Glaubensbedrängnis weitergemacht mit der praktizierten Nächstenliebe? Und ist es unsympathisch, dass es, noch zu Zeiten größter Expansion ihres Ordens, in diesem Barmherzigkeitskonzern keine Computer gab, keine Anrufe und E-Mails? Klar, der große Zulauf zu den *Missionaries of Charity* lag auch daran, dass die Hürden für die Aufnahme niedriger waren als in anderen Orden. Aber Mutter Teresas Ordensgemeinschaft unterschied sich doch von zahlreichen anderen kirchlichen Einrichtungen dadurch, dass keine internen Machtkämpfe bekannt wurden, keine ausgetüftelten Hierarchieabstufungen und erst recht keine materiellen Vorteile für die Leitungsfiguren: Mutter Teresas weltliche Habe beschränkte sich auf drei Saris und einen Anhänger. Zum Frühstück gab es für sie wie für alle anderen Nonnen eine Handvoll Reis mit Curry, und auf das festliche Bankett aus Anlass ihres Friedensnobelpreises bat sie zu verzichten.

Für alle, die nach Vorbildern suchen, ist diese alte Frau mit den vielen Falten noch immer nicht die schlechteste Wahl. Was vor allem an der Radikalität ihrer Nächstenliebe liegt. Davon berichtete der Reporter und Buchautor Dominique Lapierre im November 2006 in einer wunderbar anschaulichen Anekdote: »Zum ersten Mal sah ich sie in ihrem Hospiz in Kalkutta vor 25 Jahren. Sie lag auf ihren Knien und fütterte mit einem Löffel einen Mann mit Reis. Der Mann sah eher wie ein Leichnam aus. Plötzlich spürte sie in ihrem Rücken meine Gegenwart. Sie drehte sich um und drückte mir den Teller mit dem Reis in die Hand: ›Hier, mach weiter, füttere diesen Mann – und liebe ihn!‹«

Prominent werden ohne Leistung mit Verona

Es ist noch gar nicht so lange her, da musste jemand, der berühmt werden wollte, irgendetwas besser können als andere. Das galt nicht nur für Wissenschaftler, Tennisspielerinnen, Romanautoren und Operndiven, es traf auch aufs leichte Fach zu: Thomas Gottschalk konnte unterhaltsamer als andere durch bunte Sendungen führen, Harald Schmidt war witziger und geistreicher als die meisten anderen Fernsehunterhalter, Roberto Blanco konnte bessere Bombenstimmung verbreiten als der durchschnittliche Sangeskünstler. Doch dann plötzlich traten infolge massenmedialer Berichterstattung oder durch Wettbewerbe im Privatfernsehen Menschen ins Rampenlicht, deren Leistung in unangemessener Proportion zur Wahrnehmung ihrer Personen stand.

Als ein Beispiel mögen sogenannte Prominentenfriseure gelten. Einer von ihnen ist Gerhard Meir aus München. Höchstwahrscheinlich ist er ein guter Friseur. Aber als genauso wahrscheinlich muss gelten, dass es von Haargestaltern seiner Güte mindestens noch zehn andere in Deutschland gibt, vielleicht sogar noch ein paar mehr. Die aber niemand kennt. Warum kennt man Gerhard Meir? Weil er sich gut vermarkten kann. Weil er in der Zeitung steht. Und weil er dann und wann im Fernsehen auftaucht. Das führt dann natürlich schnell zu wucherndem Selbstvertrauen. Renate Schostack, frühere München-Korrespondentin einer überregionalen deutschen Tageszeitung, hat aus ihren Anfangsjahren in der bayerischen Landeshauptstadt berichtet, dass sie bei einem Essen einmal neben einem netten, eher unscheinbaren jüngeren Mann gesessen und ihn gefragt habe, was er denn so mache. Er habe nur auf sein Namensschild gedeutet. »Der Name sagte mir nichts«, schrieb sie. »Mein Tischnachbar betrachtete mich mit einem ungläubig-bedauernden Blick und sprach fortan kein Wort mehr mit mir. Sobald es möglich war, wechselte er den Platz. Auf dem Schild stand ›Gerhard Meir‹. Ich las keine Illustrierten. Ich kannte keine Coiffeure.«

Warum diese Geschichte so gut ist? Weil sie zeigt, mit welch geringem Aufwand ein Mensch sich lächerlich machen kann. Weil sie so herrlich den Unterschied demonstriert zwischen wichtigen Menschen und Wichtigtuern. Der Volksmund, der ja zu unfassbar präzisen Formulierungen fähig ist, greift im Begriff »Wichtigtuer« die ganze Tragik des menschlichen Geltungsdranges auf: Wer wirklich wichtig ist, muss nicht wichtig tun. Wer nicht wichtig ist, muss vor sich selbst und den anderen so tun, als ob. Über der narzisstischen Kränkung, nicht erkannt zu werden, vergisst der Wichtiger-Tuer dann sogar seine Manieren.

Der neue Trend, trotz Null- oder Minimal-Leistung prominent werden zu können, ist außerordentlich ermutigend. Vor allem für schulfaule Jugendliche. Sie können ihren Lehrern und Eltern zahlreiche leuchtende Beispiele dafür entgegenhalten, warum es auf Pauken, auf Wissenserwerb und Bildung nun wirklich nicht ankommt. Ihre Argumente heißen Jenny Elvers, Daniel Küblböck, Nadja Abd el Farrag, Zlatko Trpkovski, Jürgen Milski, Alex Jolig, Kader Loth, Karim Maataoui, Alexander Klaws, Juliette Schoppmann, Vanessa Struhler, Gracia Baur, Elli Erl, Tobias Regner, Vanessa Jean Dedmon, Lisa Bund – Namen wie Silvesterraketen: schnell hochgeschossen, einmal in vollem Glanze erstrahlt, bald verloschen. Kein einziger von ihnen hat etwas

Ungebührliches getan. Jede und jeder von ihnen hat die legitime Chance ergriffen, sich mit geringem Aufwand über die Massen zu erheben, jemand zu werden, von denen die Kids Autogramme wollen. Können sie wirklich gar nichts? Ein solches Urteil wäre unfair. Auch die Strohfeuer-Berühmtheiten beherrschen immerhin eines: Sie haben die Fähigkeit, andere Menschen – aus welchem Grund auch immer – für sich zu interessieren, freilich leider nur vorübergehend.

Und damit sind wir bei einer großen Ausnahme, bei Verona Feldbusch, geschiedene Bohlen, verheiratete Pooth. Klar, sie war eine lausige Moderatorin der Schreckenssendung *Peep* (»Huch«, sprach sie mit ihrer um anderthalb Oktaven zu hohen Stimme, »und dabei hattest du 'ne Erektion?«). Und selbst die Äußerung ihres Ex Dieter Bohlen sei ihm trotz großer Ungalanterie verziehen: »Ich würde noch nicht mal mein Hausschwein zu ›Peep‹ schicken.« Moderieren also konnte sie nicht, singen auch nicht so richtig gut (obwohl sie einen Hit hatte), in *Romeo und Julia* mag man sie sich auch nicht vorstellen. Sie vermag weder zu malen noch zu schreiben, noch geistreich zu plaudern. Auch grammatikalisch kriegt sie nicht immer alles ganz auf die Reihe, wie sie im Streitgespräch mit Alice Schwarzer bewies: »Es kann doch nicht sein, dass immer eine Frau kommt und sich über den Dingen stellt.«

Aber halt! Irgendetwas muss sie doch können, dass sie sich über alle diese anderen genannten Stichflammenberühmtheiten erheben kann, dass sie sich ins kollektive Gedächtnis viel tiefer eingegraben hat als die Juliettes, Vanessas und Nadjas. Achtundachtzig Prozent der Deutschen kennen ihre Verona. Das ist ein Wert, von dem viele Bundesminister nur träumen können. Ganz abgesehen von Physik-Nobelpreisträgern. Was brachte Verona mit, dass sie es schaffte, populärer zu werden als Politiker und Wissenschaftler?

Zunächst einmal muss man klar sagen, dass auch Verona

nicht ohne den Transport der Massenmedien »funktioniert« hätte – der Boulevard (und das heißt in Deutschland vor allem ›Bild‹) ist hungrig nach Stars, denn er lebt von ihnen, und es gibt sie nicht im Übermaß. Niemand in den Talent-Sendungen wird wirklich halbwegs dauerhaft eine Berühmtheit, wenn ›Bild‹ seine Prominenz nicht stützt. Aber auch dann, wenn ein Hierarch in den Boulevard-Medien sein Herz für eine(n) zunächst Unbekannte(n) entdeckt, kann das extrem hilfreich sein. So wurde Verona Feldbuschs Karriere durch Manfred Meier, den damaligen Unterhaltungschef von ›Bild‹, enorm beflügelt. Und die Gattin des Schweizer Botschafters in Berlin, Shawne Borer Fielding (die sich heute aus der Öffentlichkeit weitgehend zurückgezogen hat) wurde vom ehemaligen Berliner *BZ*-Chefredakteur Franz Josef Wagner in der einst Star-freien Zone Berlin mit Society-Goldpuder überstäubt.

Aber andererseits können auch die mächtigsten Fürsten des Boulevard niemanden zum Star hochheizen, der so gar keine Wirkung auf die Massen ausübt. Deswegen noch einmal die Frage: Was brachte Verona Feldbusch in ihre Karriere ein, wie hoch war ihr Startkapital?

Geboren am 30. April 1968 in La Paz. Vater deutscher Maschinenbautechniker. Mutter bolivianische Friseuse, die in Hamburg einen Frisiersalon betreibt und später in ihrer Heimat eine Fernsehberühmtheit werden wird. In Hamburg die Handelsschule besucht. Ohne Abschluss. Schneiderlehre begonnen und offensichtlich nicht zu Ende gebracht. Als Neunzehnjährige wird sie Miss Hamburg. Als Zwanzigjährige eröffnet sie in der Elbstadt gemeinsam mit einer Freundin ein eigenes Modeatelier. Daneben mit einigem Erfolg Popsängerin. 1993 wurde die 1,78 Meter große Verona Feldbusch zur *Miss Germany* gewählt. 1994 zur *Miss Intercontinental World*. 1995 zur *Miss American Dream*.

Versetzen wir uns kurz in die Rolle eines Personalberaters, der aus einem solchen Lebenslauf Schlüsse auf die Persönlichkeit ziehen müsste. Zu welchem Ergebnis käme er? Sehr wahrscheinlich würde er positiv vermerken, dass der Ehrgeiz sich in dieser Person sehr früh meldet. Wer sich schon im zarten Alter von fünfzehn als Model sieht, darf nicht an sich selbst zweifeln. Andere junge Frauen, die mit zwanzig weder einen etwas höheren Schulabschluss hingelegt noch eine nicht allzu schwierige Ausbildung abgeschlossen haben, würden sich vielleicht verkriechen, möglichst schnell heiraten und den Gedanken an eine Karriere höchstens erst wiederbeleben, wenn die eigene Tochter eine etwas erfreulichere Körbchengröße entwickelt hat und für die nächste Staffel von *Deutschland sucht den Superstar* in Frage käme.

Nicht so Verona. An ihr ist als Erstes zu loben, mit welcher Energie sie sich trotz schlechtester Voraussetzungen (keine abgeschlossene Berufsausbildung, kein Abi) gleichsam selbst designed hat. Eine wie sie hätte sich ja auch als Verkäuferin bei Douglas im Vorweihnachtsgeschäft einen besserverdienenden Kunden anlachen können. Aber Pustekuchen: Schon als Teenie muss ihr klar gewesen sein, dass sie mehr wollte. Sie machte immerhin mit zwanzig ein eigenes Modeatelier auf. Noch viel wichtiger: Sie besaß jene Kühnheit, die sich auch in vielen anderen Karrieren zeigt, die Kühnheit des Weglassens. Wer Karriere machen will, darf nicht ängstlich danach schielen, was »alle« machen. Er muss Mut zur Lücke beweisen und dazu stehen.

So wie für Günther Jauch, als er noch die Journalistenschule besuchte, Zeitungen oder Magazine auf keine Weise für eine künftige Karriere in Frage kamen – einzig das Fernsehen interessierte ihn; so wie der schon als junger Mann an seiner Politikerkarriere arbeitende Roland Koch in seiner Juristenausbildung auf alles verzichtete, was nicht direkt fürs Staatsexamen nötig war; so wie Irving Berlin und Paul McCartney bedeutende Musiker wurden, ohne Noten zu kennen – so kam für die junge Verona Feldbusch nichts in Betracht, was mit Bildung, dicken Büchern, Spracherwerb oder Hirnjogging zu tun gehabt hätte. Bildung? Kann man damit Schuhe kaufen? Wolfgang Röhl schrieb ganz zu Recht, Verona sei die Rache des geschundenen Mediums Fernsehen an all denen, die sich darin wichtigmachten. »Die so tun, als sei Fleiß, Cleverness oder Charisma ihr Erfolgsgeheimnis. Verona beweist: Beim Trash-TV kann jeder, der bis drei zu zählen vermag, mühelos ein Star werden.«

Und dennoch und ein weiteres Mal: Irgendetwas musste diese junge Frau in ihren Anfangszeiten ja gekonnt haben, das dazu führte, dass sie später zum Massenphänomen werden konnte. Es war und ist die Fähigkeit, andere Menschen für sich zu interessieren. Man muss das nicht Charisma nennen, aber es geht in etwa in diese Richtung: Etwas bescheidener ließe sich vielleicht von »Star-Appeal« reden, und das heißt: Star-Appeal besitzt derjenige, den man nach der ersten Bekanntschaft (persönlich oder im TV) gerne noch ein weiteres Mal sehen würde. Solche Menschen sind wie Schlager: Die Lahmen und Matten ziehen am Ohr vorbei, ohne dass sie einen berühren oder packen. Die Guten will man gleich beim ersten Mal noch einmal hören. Und noch einmal.

Gutes Aussehen hilft immer. Aber mit Schönheit muss solche Anziehungskraft nichts zu tun haben. Auch Whoopi Goldberg, Thomas Gottschalk, Boris Becker, Günther Jauch sind Stars geworden, ohne landläufigen Schönheitsidealen zu entsprechen. Manfred Meier, der einst bei ›Bild‹ Veronas Laufbahn förderte, macht ein geheimnisvolles Etwas für die Starqualität verantwortlich. Jeder Star hat nach seiner Ansicht etwas, das man nicht lernen kann: »Glamour, Ausstrahlung. Das hast du oder das hast du nicht.«

In jener Zeit, als Frau Feldbusch schon bekannt war durch die Ehe mit und die Scheidung von Bohlen, hat Meier sie zum Deutschen Filmpreis in München begleitet: »Da kommen alle diese Schauspieler, und die Fotografen knipsen da und da. Und dann kommt Verona. Da kann kommen, wer will, da kann Iris Berben zusammen mit Hannelore Elsner kommen, da knipsen von 100 Fotografen 90 nur noch Verona. Ich hab das mit ihr auch mal in Amerika erlebt: Wenn sie irgendwo reinkommt, da fragen auch Hollywood-Stars: ›Who is this?‹ Die hat was, was den Raum füllt, die hat einen Auftritt.«

So. Was lernen wir jetzt daraus?

Wir lernen, dass zum ersten Mal in der Geschichte der Menschheit Prominenz nicht durch adelige Abstammung, Vererbung, Heirat oder Leistung zustande kommen kann, sondern durch schiere mediale Präsenz. Ehe es aber auch dazu kommt, müssen sich die Medien für jemanden interessieren. Wann tun sie das? Wenn – ganz banal gesagt – die in Frage stehende Person interessant ist. Wenn er oder sie durch Aussehen, Charme, Einzigartigkeit, Bildschirmpräsenz oder Charisma dafür sorgen, dass das Publikum diese Person wiedersehen will. Das Interesse des Publikums an diesem Personenkreis erlischt heute nicht mehr, wenn die Leistung nachlässt – ganz einfach deshalb, weil die Leistung eh nie vorhanden oder minimal ausgeprägt war. Das Interesse der Masse erlischt dann, wenn sich die Masse durch den Prominenten nicht mehr unterhalten fühlt.

Ganz einfach, oder? Richtig. Aber das Beispiel Verona Pooth zeigt, dass wir den Begriff »Leistung« im Zeitalter des Privatfernsehens anders definieren müssen. Früher war Leistung immer an das Wörtchen »können« geknüpft. Eine Verona Feldbusch wäre vor fünfzig Jahren, zu Zeiten des Hörfunks, noch keine Berühmtheit geworden. Dazu hätte sie nicht gut genug gesungen, hätte zu hoch und zu schrill gesprochen, wäre nicht witzig, schlagfertig oder geistreich genug gewesen. Unter den veränderten Bedingungen von heute liegt ihre Leistung darin, bei ihrem Publikum zum überwiegenden Teil Sympathie zu erzeugen und den Wunsch, sie wiederzusehen. Sie hat – Mut zur Lücke – sich aber auch nur selten überhaupt auf das Gebiet der klassischen Leistung begeben, deshalb konnte sie dabei auch nicht abrutschen. Eine andere über Nacht zu Prominenz gekommene Person namens Daniel Küblböck hatte das ähnliche Vermögen Veronas, nämlich die Leute auf sich aufmerksam zu machen und sie in Zustimmung wie Ablehnung dazu zu bringen, ihn noch einmal auf dem Bildschirm sehen zu wollen. Aber er begab sich auf ein Gebiet der herkömmlichen Leistung, er sang, er wurde damit vergleichbar. Und als der Gewöhnungseffekt einsetzte und die Leistung weiterhin ausblieb, wurde das Publikum seiner müde.

Und wenn jetzt in Ihrem Bekannten- oder Verwandtenkreis eine junge hübsche Frau mit schlechten Zensuren, aber heiterer Persönlichkeitsstruktur auf die Idee käme, ein Star wie Verona zu werden? Was würden Sie ihr raten?

Da Sie dieses Kapitel gelesen haben, fragen Sie die junge Frau:

Hast du genügend Energie?

Hast du den Willen, deiner Karriere für ein paar Jahre alles unterzuordnen?

Hast du zumindest Spurenelemente von Charisma?

Liebst du den Beifall, nein: gierst du nach Beifall?

Kannst du dich vor der Kamera bewegen?

Liebst du es, wenn du fotografiert oder gefilmt wirst?

Kannst du damit leben, dass andere dich doof finden?

Kannst du damit leben, dass auch die Medien dich in millionenfacher Vervielfältigung doof finden?

Könnte Ihre junge Bekannte oder Verwandte die allermeisten dieser Fragen mit Ja beantworten, sollten Sie ihr unbedingt zu einer Karriere raten. Allerdings sollten Sie ihr noch eine weitere Frage stellen:

Kannst du, auch im Falle des Erfolgs, gegenüber dir selbst ein gewisses Maß an Distanz und Ironie aufbringen? Dann ist es gut. Allen anderen kann nur die Warnung von Franz Xaver Kroetz nahegelegt werden: »Popularität führt unvermeidlich dazu, dass man sich selbst gegenüber dümmlich wird.« Haben Sie das gehört, Paris Hilton?

Sich ernst nehmen
mit Reich-Ranicki

Als von 1977 an die Tagebücher Thomas Manns veröffentlicht wurden, war das Staunen groß. Nicht nur wegen
des Autors offen geäußerter homosexueller Wünsche, Wahr-
nehmungen und Verwirklichungen. Vielleicht frappierte
noch mehr die Besessenheit eines Menschen von sich selbst,
seine permanente Selbstwahrnehmung, Selbstbeschäftigung,
Selbstentzücktheit, auch sein Leiden an sich selbst. Jede dieser vielen tausend Seiten ruft nur immerfort: Ich, ich, ich!
Der Schöpfer des *Zauberbergs*, der *Buddenbrooks* und des *Doktor Faustus*, der vielfache Ehrendoktor und Träger des Litera-
turnobelpreises hält in seinen persönlichen Notizen (die er
nach einer Schamfrist von zwanzig Jahren nach seinem Tod
der Öffentlichkeit preisgeben lässt) noch die klitzekleinsten
Freuden oder Kümmernisse fest. Wann er was gefrühstückt
hat, ob er leinene Unterwäsche kaufte oder ob er bekümmert
war über Risse im Knauf der neuen Elfenbeinkrücke. Er hielt
es für erwähnenswert, dass er »Lindenblütenthee mit einer
Citronenscheibe« trank, mit dem Pudel scherzte oder dass
er mit seiner Frau Katia »ohne Weste« spazieren ging. Nicht
etwa die Qualität einer Shakespeare-Inszenierung in Zürich
hält er im Tagebuch fest, sondern seinen Konsum zwischen
den Akten: »In der Pause mit Genuss Kaffee getrunken.«
Noch aufmerksamer horcht er in seinen Körper hinein;
der Literat (er leidet immer wieder an hartnäckiger Verstop-
fung, an tausend anderen Wehwehchen wie wirklich schlim-
men Zuständen) war auch ein Hypochonder von Gnaden.

Jeder Kopf- und Leibschmerz wird gewissenhaft festgehalten. Auch seine Seele ist – bisweilen dramatisch – angegriffen: »Nach dem Erwachen zunehmender Erregungs- und Verzagtheitszustand, krisenhaft, von 8 Uhr an unter K's Beistand. Schreckliche Excitation, Ratlosigkeit, Muskelzittern, fast Schüttelfrost und Furcht, die vernünftige Besinnung zu verlieren.« Solche Phasen am Rande des Nervenzusammenbruchs sind beileibe nicht die einzigen Kümmernisse, man darf dem Nobelpreisträger getrost neurotische Züge unterstellen.

Ähnlich sensibel wie seine körperlichen Reaktionen funktionieren auch seine Eitelkeitsreflexe. Was ein paar Jahrzehnte später der britische Sänger Robbie Williams formuliert – »wenn man innerlich ein Kind geblieben ist, gibt einem Applaus Selbstbestätigung« –, gilt für den erwachsenen Thomas Mann schon längst. Er ist geradezu süchtig nach Applaus. Und er registriert diesen Beifall mit seismographischer Unbestechlichkeit, er äußert sich bei hinlänglicher Intensität solcher Zustimmung in den Tagebüchern hoch erfreut: »Der kompakte, einhellige, lange sich hinziehende Beifall tat mir wohl.« Umgekehrt reagiert er bei Liebesverweigerung geradezu kindisch. Er nimmt die Reaktionen seiner Umwelt auf seine Person mit Argusaugen wahr und ist gleichzeitig ehrlich genug, zu seiner Pfaueneitelkeit zu stehen: »Dichter Beifall am Schluß, der aber nicht vorhielt, um mich nach dem Abgang in den Saal zurückzurufen, was mich jedes Mal kindischer Weise verstimmt.«

Doch so, wie er sich verzagen lässt von nicht ausreichender Bestätigung, so freut er sich noch über Lob aus entlegenster Quelle. Er hält es für erwähnenswert, dass ein Schlafwagenschaffner ihn erkannte, umgekehrt verdrießt es ihn, wenn man ihn nicht beim Namen nennen kann, ihn nicht würdigt, ihm nicht huldigt. So 1934 bei einer Schifffahrt, also fünf Jahre nach dem Nobelpreis, als er leider im Tagebuch »das besonders niedrige geistige Niveau« seiner Tischgesellschaft beklagen muss. War etwas vorgefallen? Wessen hatten sich diese Banausen schuldig gemacht? Ganz einfach, sie kannten ihn nicht – »völlige Unbekanntheit mit meiner Existenz«. Das mag er nicht, darunter leidet er, das muss er sich im Tagebuch sogleich von der Seele schreiben.

Was lernen wir daraus? Sollen wir sagen, ein Dichter auf dem Höhepunkt seines Ruhmes müsse sich doch nicht grämen, wenn ein paar ungebildete Neureiche bei einer Atlantiküberfahrt nicht wissen, wer er ist? So wenig, wie wir uns darüber wundern sollten, dass einigermaßen bedeutende Politiker in ihren Büros gerahmte Fotografien aufstellen, die sie an der Seite noch bedeutenderer Politiker zeigen?

Nein, beides wäre falsch. Thomas Mann hat sich ganz einfach ernst genommen – unendlich ernst vielleicht, ohne ironische Selbstdistanz. Aber dieses Sich-ernst-Nehmen war doch die Voraussetzung für sein grandioses Werk. »Alle Qual um die Dinge«, schreibt er 1918 in den *Betrachtungen eines Unpolitischen*, »ist Selbstquälerei, und nur der quält sich, der sich wichtig nimmt.«

Marcel Reich-Ranicki entschuldigt solches Sich-ernst-Nehmen ausdrücklich: »Seine intimen Tagebücher, in denen er sich unentwegt und mit einer Zärtlichkeit, die manch einem Leser auf die Nerven gehen mag, mit seiner eigenen Person beschäftigt, zeigen – und dies trägt entscheidend zu ihrer Bedeutung bei –, in wie hohem Maße das ›Sichwichtignehmen‹, das etwas anderes ist als Eitelkeit oder Selbstgefälligkeit, tatsächlich die Voraussetzung für Thomas Manns Produktivität war.«

Reich-Ranicki hat natürlich wieder einmal recht. Aber er richtet mit solchen Äußerungen freilich auch den Blick auf die eigene Person. Der Großkritiker selbst ist ja auch ein Beispiel dafür, dass Leistung fast immer nur dem gelingt, der sich selbst Ehre zollt – sich wichtig finden heißt nicht, ein Wichtigtuer zu sein. Sich selbst und seine Arbeit wichtig zu nehmen muss nicht blanker Selbstliebe allein geschuldet sein: Nach Reich-Ranickis Ansicht kann »das Urteil des Kritikers nur von Wert sein, kann nur etwas taugen, wenn er seine Gefühle, seine Gedanken angesichts des literarischen Werkes unerhört ernst nimmt«.

Auch bei Reich-Ranicki hat man sich ja öfter gewundert, warum er keiner Kamera, keinem Mikrophon aus dem Wege ging, warum er hier noch auftrat, da noch ein Interview gab und dort noch einen kleinen Vortrag hielt. Der Grund dürfte der Gleiche sein wie bei seinem Heros Thomas Mann: Beifall ist nicht nur »das Brot des Künstlers«, sondern Katalysator für weitere Leistungsanstrengung.

Und, ganz wichtig, Beifall ist kein nachwachsender Rohstoff, Applaus verliert nach ein paar Tagen die Kraft des Nachhalls. Der Leistungsträger braucht wieder neuen Beifall, in gewisser Weise ist diese archaische Form des Lärm verursachenden In-die-Hände-Klatschens wie eine Droge, ihre Wirkung muss dauernd erneuert werden.

Übrigens ist Reich-Ranicki, wie Thomas Mann es war, ein ungeheuer fleißiger Mensch, eine Art Leistungsakrobat, nicht nur Zeitungsrezensent und Fernseh-, Hörfunk- und Debattenredner, sondern auch Autor einer unübersehbar großen Zahl von Büchern. Er hat bei Gelegenheit erzählt, dass er in seiner Wohnung in der Frankfurter Gustav-Freytag-Straße einen Balkon hat, auf dem er sich noch kein einziges Mal entspannt niederließ. Und wo liest er die Werke, die er bespricht? Lässig im Lehnstuhl bei einem Glas Premier Cru? Von wegen. »Immer sitzend, am Schreibtisch, in Schlips und Kragen. Das entspricht meinem Stil, dient der Konzentration und bezeugt meinen Respekt.«

Wie alle klugen Leistungsethiker wusste auch Reich-Ranicki früh, dass die Zufriedenheit der größte Feind der Hochleistung ist. Ein mittelmäßiger Autor oder Journalist wird sich als Gegenleser gern einen Schwachen auswählen, einen, der ihn lobt und ihm alles durchgehen lässt. Reich-Ranicki machte es anders: »Als ich 1973 zur *F.A.Z.* ging, habe ich dort eingeführt, dass jede von mir geschriebene Kritik zwei Kollegen gegenlesen müssen. Wer bei mir die meisten Stellen beanstandet hat, an dem war ich am meisten interessiert.«

Ähnlich hat sich übrigens 1894 Theodor Fontane, einer der anderen Helden des Großkritikers, über den Perfektionswillen Goethes beim Dichten geäußert: »Goethe ließ sich seine Sachen neunmal in immer erneuter Reinschrift vorlegen und wenn's dann noch nicht gut war, auch noch öfter. Und das war Goethe! Wer seine Verse hinschreibt und sie ohne Weiteres gut zum Eintritt in die Welt findet, aus dem kann nicht viel werden. Nur wer jeden Augenblick tief seine Unvollkommenheit empfindet, kann sich fortentwickeln.«

Wie bei Fontane und Goethe beginnt die Qualität bei der Unzufriedenheit. Altmodisch ist solch kritischer Blick auf sich selbst schon gar nicht. Justin Timberlake zum Beispiel fühlt sich, wie er selbst sagt, seit Kindestagen »von einem gewaltigen Perfektionismus angetrieben«. Er macht den wahren Künstler auch von dessen Fähigkeit zum kritischen Blick auf das eigene Schaffen abhängig: »Wenn er sich seine Arbeit ansieht, muss er immer das Gefühl haben, dass er es besser machen kann. Verliert man diesen Schwung, ist es höchste Zeit, sich nach einer anderen Beschäftigung umzusehen.« Und bevor Bruno Ganz in *Der Untergang* Hitler spielte, hat er sehr lange und sehr genau hingeschaut: »Hitlers Parkinson-Zittern habe ich studiert durch stundenlanges Beobachten im Warteraum der Neurologie eines Spitals in Luzern. Damit ich den Patienten nicht so auffiel, habe ich selbst gezittert.«

Auch wer den Dirigenten Karl Böhm nur nach seinem freundlichen Äußeren beurteilt hätte, wäre wahrscheinlich niemals darauf gekommen, was für ein harter Hund er war, ein Qualitäts-Radikalinski und unbarmherziger Perfektionist, der in seinem Streben nach musikalischer Leistungsvollkommenheit niemals Gnade vor Recht ergehen ließ. Er gab das auch anstandslos zu: »Also, wenn ich ein bestimmtes Tempo verlange und ein Sänger oder ein Instrumentalist das nicht gleich kapiert, dann mach' ich halt Spektakel.« Eine Sängerin, die einen Ton zu lange hielt, soll er rüde angegangen sein: »Warum halten Sie denn den Ton so lange, wollen Sie darauf ein Sommerhaus bauen?!«

Mag sein, dass er vor seinen Musikern auch eine sadistische Ader auslebte – manche Orchestermusiker bekamen vor Proben mit Böhm Magenkrämpfe –, aber seine Kompromisslosigkeit diente einem höheren Ziel: »In der Musik kenne ich keine Kompromisse«, erzählte er Felix Schmidt. »Ich habe in meinem Leben einiges angestellt; ich bin ein Sünder gewesen, ja, das kann man so sagen. Ich habe gelogen und eine Menge Dinge angestellt, die mir nicht zum Ruhme gereichen. Aber in der Musik war ich immer ehrlich, immer aufrichtig.«

Und wohin führt solches Sich-ernst-Nehmen? Zu einer grandiosen Dirigentenkarriere. Die natürlich wie bei Karl Böhm hart erarbeitet ist: »Es genügt nicht, dass man die Augen zumacht, wenn man vor einem Orchester steht, und darauf wartet, dass der Heilige Geist hierniederkommt. Der kommt nämlich nicht so leicht dahergeflattert. Ein Dirigent muss zunächst einmal fleißig sein, er muss arbeiten, arbeiten, und er muss wahrhaftig sein; er darf nicht mogeln. Einen Schwindler – und davon gibt es eine ganze Menge in meinem Beruf – erkenn' ich nach fünf Minuten.«

Man könnte solche Äußerungen über harte Arbeit und Perfektionismus fast beliebig fortführen, man muss es aber nicht. Denn die Botschaft ist ja schon klar: Wer sich und seine Aufgabe ernst nimmt, muss Leistung bringen, muss sich selbst auch immer kritisch dabei überprüfen oder sich überprüfen lassen. Wohl nirgends sonst zählt das Ernst-Prinzip so stark wie in Kunst und Leistungssport. Dass der Pianist, die Schauspielerin herzensgute Menschen sind, spielt bei ihrem Auftritt keine Rolle. Ebenso wenig fällt ins Gewicht, ob sie in der Nacht zuvor gut oder schlecht geschlafen haben, ob sie unter Liebeskummer oder rasenden Kopfschmerzen litten. Worauf es ankommt, ist einzig und allein die Leistung zur Stunde ihres Auftritts. Auch der Olympiateilnehmer darf sich nicht darauf berufen, wie toll seine Zeiten und Weiten vor zwei Monaten oder sogar erst gestern waren: Alles Training, alle Vorbereitung, alles knochenharte Wiederholen wird sinnlos, wenn er nicht im Augenblick dieses Wettbewerbs, der eben nur alle vier Jahre stattfindet, in Topform ist, ganz genau in diesem einen Moment.

Unser ganzes Leben würde in Scherben fallen, nähmen die Menschen nicht ernst, was sie tun – von der Kindergärtnerin über die Pilotin zur Chirurgin. Täten sie es nicht, würden Kinder zu Quälgeistern erzogen, würden Flugzeuge abstürzen und Menschen unter dem Skalpell sterben. Sich selbst und seine Aufgabe ernst zu nehmen – es streift gelegentlich das Lächerliche. Aber nur bei oberflächlicher Betrachtung. Natürlich mag es nicht das Wichtigste von der Welt sein, in der Automobilproduktion bei der Firma Opel für den Kofferraumdeckelverschluss des Vectra zuständig zu sein. Aber jeder Vectra-Fahrer wäre bald erzürnt, hätte der Kofferraumdeckelverschlusszuständige seinen Job nicht ernst genommen. Natürlich ist der sonntägliche Auftritt von Laiensängern im Rathaus von Kriftel nicht von Weltwichtigkeit, aber würde nicht jeder von ihnen die Sache verdammt ernst genommen und pausenlos geübt haben – sechzig Zuhörer hätten dann einen viel weniger schönen Sonntagvormittag verbracht. Natürlich wäre auch die Welt nicht aus den Fugen geraten, wenn ein Schauspieler – sagen wir: Armin Mueller-Stahl – sich nicht auf jede seiner Rollen gewissenhaft vorbereitet hätte. Aber es ist doch schöner, wenn einer wie er sagen kann: »Okay, ich habe in Amerika einen ganz guten Ruf. Als Profi. Einen besseren vielleicht, als ich es verdiene. Aber den habe ich mir erarbeitet, indem ich den Beruf stets so ernst genommen habe, wie es geht.«

Sich ernst nehmen heißt nicht notwendigerweise, die Backen aufzublasen, zu prahlen oder im eigenen Tun Maßstäbe für alle Welt setzen zu wollen. Sich ernst zu nehmen kann immer nur ein Anfang sein, eine Voraussetzung für etwas Größeres. Wer sich ausschließlich nur und immerzu wichtig fände, wäre eine leere Hülle und obendrein eine Nervensäge. Es sollte bei aller Anstrengung immer ein wenig Leichtigkeit hinzukommen. Sich ernst nehmen, ohne sich allzu ernst nehmen zu müssen – das ist die Kunst. Wie das geht, das gucken wir uns im nächsten Kapitel gleich am besten bei einem Papst ab, schließlich ist der unfehlbar.

Sich nicht so ernst nehmen mit Johannes XXIII.

Kaum etwas ist unangenehmer als ein selbstgefälliger alter Mann, der voller Stolz auf sein Leben zurückblickt, von seiner Redezeit großzügig Gebrauch macht, jede höfliche Unterbrechung für Majestätsbeleidigung hält, stets sich selbst für seine Großtaten preist und von seiner Umgebung Lob und Ehrerbietung einfordert, und zwar täglich!

Wie herzerfrischend dagegen sind eine alte Frau oder ein alter Mann, die es trotz großer Lebensleistung schaffen, bis an ihr Ende bescheiden und selbstironisch zu bleiben. Der etwas rundliche Peter Ustinov zählte zu denen, die sich selbst auf die Schippe nehmen konnten: »Bis heute mögen mich Säuglinge, weil sie auf den ersten Blick glauben, ich könnte ihnen Milch geben.« Manchen holt die Bescheidenheit zwar erst am Lebensende ein, wie Konrad Adenauer, den sonst so von sich überzeugten ersten Kanzler der Bundesrepublik, der auf seinem Totenbett angesichts seiner weinenden Familie gesagt haben soll: »Do jitt et nix to kriesche« – da gibt es nichts zu weinen. Nur nebenbei erwähnt: Letzte Worte sind trotz der körperlichen Schwächung ihrer Autoren auf dem Sterbebett oft sonderbar kennzeichnend für die Person. Heinrich Heine blieb selbst beim letzten Seufzer von gewohnter Ironie: »Gott wird mir verzeihen – das ist sein Metier.« Der auch sonst gern starrsinnige Philosoph Johann Gottlieb Fichte aber wusste es, als der Tod seine Sense schon wetzte, wieder mal besser: »Ich brauche keine Medizin mehr, ich fühle, dass ich geheilt bin.« Kurz darauf starb er.

Uneitelkeit herzustellen ist gar nicht so leicht, denn wir haben ja im vorangegangenen Kapitel gesehen, dass sich jeder ernst nehmen muss, dass die ganze Welt auseinanderbräche, würde nicht jede und jeder die jeweils eigene Person wertschätzen, pflegen und lieben – nicht ohne Grund heißt das fünfte Gebot: »Du sollst deinen Nächsten lieben wie dich selbst.« Schon der Gott des Alten Testaments also fand offensichtlich nichts dabei, dass ein Mensch zuerst sich selbst ganz doll lieb haben darf. Doch von der vernünftig-gesunden Selbstliebe zur neurotischen Selbstverliebtheit ist nur ein kleiner Schritt.

Wer also dazu neigt, sich etwas ernster zu nehmen als nötig, wer keinem Spiegel aus dem Wege geht, wer, wenn sein Name mal in der Zeitung steht, gleich dreißig Exemplare zum Herumschicken erwirbt, mag sich ein Beispiel nehmen an Angelo Giuseppe Roncalli. Er wurde als eines von zwölf Kindern eines armen italienischen Bauern geboren, er wurde gegen den Widerstand seines Vaters Priester. Und 1958 zum Papst gewählt. Mit ihm hatte niemand gerechnet, er selbst schon gar nicht, er war mit einer Rückfahrkarte nach Rom angereist. Doch dann fällt im elften Wahlgang, am vierten Tag des Konklaves die Wahl auf ihn. Zu diesem Zeitpunkt ist er sechsundsiebzig Jahre alt und gilt als Kompromisslösung, als Übergangskandidat. Doch der gemütlich wirkende, etwas korpulente alte Herr zettelt den größten Aufstand der katholischen Kirche in der Neuzeit an. Er beruft das Zweite Vatikanische Konzil ein, er versetzt seiner Kirche einen Modernitätsschub, er wird zum Helden des Aufbruchs.

Obwohl er also zu diesen erregenden Konzilszeiten hätte ahnen können, dass er Kirchengeschichte schreiben würde, bleibt er bescheiden. Marie Luise Kaschnitz wird später über ihn sagen, er sei »ein als Papst verkleideter Mensch« gewesen. Und er selbst, der bald von den Italienern »Il Papa buono« genannt wird, der gute Papst, er schreibt in seinen erbaulichen Texten einen Satz, der nur einem Demütigen einfallen kann: »Nie ist der Mensch größer, als wenn er kniet.«

Gut gesagt. Berühmt aber wurde er durch den Spruch: »Giovanni, nimm dich nicht so wichtig.« Dass ausgerechnet er das sagt, der Papst, der Stellvertreter Gottes auf Erden, der Mann, der das Anrecht hat auf die Anrede »Euer Heiligkeit«, das muss jedem Wichtigtuer Mut machen zur Bescheidenheit.

Hans Küng, der Schweizer Theologe, der in jungen Jahren als Konzilsberater den Papst aus der Nähe studieren konnte, hat ihn später nicht nur als bedeutenden Kirchenführer und Erneuerer gewürdigt, sondern auch als herzlichen Menschen und empathischen Seelsorger: »Ganz spontan, ohne daraus Publizität und ein Ritual zu machen, hat er persönlich Arme besucht, Kranke in Spitälern getröstet, Priester, die in ihrem Leben Schiffbruch erlitten, aufgesucht, ja, er hat die Diebe und Mörder in römischen Staatsgefängnissen besucht und bei dieser Gelegenheit nicht etwa eine programmatische (von anderen geschriebene) Rede gehalten, sondern schlicht und tröstlich von seinem eigenen Onkel erzählt, der – wegen Wilderei – ins Gefängnis gekommen war.«

Johannes XXIII. war es auch, der sein Bemühen um eine Lebensführung jenseits von Hektik und Gedankenlosigkeit in freundliche Regeln fasste, in die *Zehn Gebote der Gelassenheit*. Jedes von ihnen beginnt mit der Formulierung »Nur für heute«. Sehr geschickt nimmt der Papst damit sich selbst und seinen Nachahmern den Druck von der Seele: Nicht für immer muss man sich etwas vornehmen, für heute reicht es ja. Andererseits verpflichtet die zeitliche Begrenzung aufs sofortige Anfangen, es gibt eben nichts Gutes, außer man tut es. Und zwar heute.

Roncallis Gebote befassen sich mit Wünschen und

Glück, mit Kritik und guter Lektüre. Aber auch mit so lebenspraktischen Ratschlägen wie der Tagesplanung. So lautet das zehnte Gebot. »Nur für heute werde ich ein genaues Programm aufstellen. Vielleicht halte ich mich nicht genau daran, aber ich werde es aufsetzen – und ich werde mich vor zwei Übeln hüten: der Hetze und der Unentschlossenheit.«

Ähnlich pragmatisch zeigt er sich im vierten Gebot: »Nur für heute werde ich mich an die Umstände anpassen, ohne zu verlangen, dass die Umstände sich an meine Wünsche anpassen.« Im sechsten Gebot schließlich erkennen wir den bescheidenen Priester wieder, der die Kranken und die Verbrecher besuchte, ohne das an die große Glocke zu hängen: »Nur für heute werde ich eine gute Tat vollbringen, und ich werde es niemandem erzählen.«

Auch George Tabori hätte bestimmt niemandem stolz von einer guten Tat berichtet. Er war zwar kein Papst, aber immerhin eines der großen Theatergenies unserer Zeit, doch niemals hätte er geprahlt. Er, der bedeutende Regisseur, »eine der letzten Jahrhundertgestalten des Theaters« (Claus Peymann) mochte diesen Begriff nicht, »Regie« erinnerte ihn an »Regime«. Selbst die überkritische Elfriede Jelinek sagte über ihn: »Tabori ist ›ein Mensch‹, an den sich jeder irgendwo andocken will. Einer, zu dem man gehören möchte, sobald man ihn sieht.«

Allen Grund, stolz zu sein, anzugeben, Hof zu halten, hätte dieser Autor von fünfzig Theaterstücken gehabt, dieser Weggefährte Brechts, dieser dienstälteste Theatermacher der Welt, der mit dreiundneunzig starb. Aber er blieb einfach ein freundlicher Mann, nein: ein Herr, der seinen Schauspielern die größtmögliche Freiheit ließ. Der Großschauspieler Gert Voss schrieb dem Großregisseur George Tabori zum Neunzigsten: »Deine Art, Regie zu führen, ist ganz undeutsch, weil viele deutsche Regisseure sich heimlich als Könige, Kapitäne und Heerführer verstehen.« Und: »Du hattest immer eine außerordentliche Uneitelkeit gegenüber dem, was Du gesagt oder geschrieben hast, und fandest das nie so vollkommen, dass Du meintest, man solle es fraglos oder diskussionslos annehmen.«

War Mozart eitel? Jedenfalls war er sich seiner Könnerschaft sehr bewusst. Sein gestrenger und erfolgsorientierter Vater Leopold hielt ihn immer dazu an, beim Komponieren auch die Leute »mit den langen Ohren« zu berücksichtigen, also diejenigen, deren musikalische Geschmacksnerven nicht auf akustische Leckerbissen eingestellt waren. Aber ebendas wollte Mozart nicht. Dazu war er zu selbstbewusst und zu qualitätsorientiert. Etwas zu komponieren, nur weil es der Masse gefallen hätte – das war nicht sein Stil. Er war aber nicht nur Tonsetzer, »Hofkompositeur«, sondern auch noch der beste Virtuose seiner Zeit. Er beherrschte im wahrsten Sinne des Wortes das Klavier, die Orgel, die Geige. Und das wusste er auch. Aber wurde er deswegen wichtigtuerisch, gravitätisch?

Nein, er erhielt sich eine ungewöhnliche Leichtigkeit des Seins, einen kindlichen Übermut, der sich in vielen Briefen an seine Eltern, aber vor allem in den *Bäsle-Briefen* an seine Cousine Maria Anna Thekla Mozart entlud. Selbst wenn Mozart geahnt hätte, dass er eines Tages Mozart würde, also zum Weltstar avancieren sollte, zum Weltkulturbesitz der Menschheit, er hätte sich nicht anders gegeben als in diesen bizarr-vergnügten Episteln. Im Gegenteil: Mozart konnte wahrscheinlich nur Mozart werden, weil er auch so kindlich-verspielt, so naiv-verwegen, so derb-versaut war, wie er sich in diesen zur Veröffentlichung nicht gedachten (und lange verschwiegenen) Texten ausdrückte: »Wie mir Mannheim gefällt? – so gut einen ort ohne Bääsle gefallen kann. Verzeihen sie mir meine schlechte schrift, die feder ist schon alt, ich scheisse schon wircklich bald 2 jahr aus dem nemlichen loch, und ist doch noch nicht verissen! – und hab schon so oft geschissen – und mit den zähnen den dreck ab-bissen.«

Oder in gereimten Nonsensversen: »Nun aber habe ich die Ehre, sie zu fragen, wie sie sich befinden und sich tragen? Ob sie noch offens leibs sind? – ob sie gar haben den grind? – ob sie mich noch ein bischen können leiden? – ob sie öfters schreiben mit einer kreiden? – ob sie noch dann und wan an mich gedenken? – ob sie nicht bisweilen lust haben sich aufzuhencken? – ob sie etwa gar bös waren! Auf mich armen narrn; ob sie nicht gutwillig wollen fried machen, oder ich lass bei meiner Ehr einen krachen! Doch sie lachen – victoria! – unsere arsch sollen die friedens-zeichen seyn!«

Einer, der solchen Unsinn von sich gibt, soll ein Genie sein? Genau. Eben. Wahrscheinlich wäre seine musikalische Leichtigkeit, seine tiefgründige Heiterkeit nicht möglich gewesen ohne solches Fratzeschneiden, solchen überge-schnappten Begeisterungsquatsch.

Manchmal freilich bedarf die Bescheidenheit einer länge-ren Vorgeschichte. Wer prahlt, hat ja meist seine Gründe, und die liegen in der Unsicherheit. Nur wer sich seiner seelischen Statik ganz sicher ist, muss sich nicht mehr aufplustern, er weiß, dass er groß genug ist. Während jeder Hoteldirektor oder »Facility Manager« glaubt, seinen Namen durch ein Ini-tial aufwerten zu müssen, waren zwei nicht unbedeutende Politiker der Nachkriegszeit selbstbewusst genug, sich mit Allerweltsnamen wie Helmut Schmidt oder Helmut Kohl ei-nen Namen zu machen.

Der Komponist Max Reger unternahm in seinem von immensem Fleiß und enormer Hektik geprägten Leben alles, um seine einfache Herkunft vergessen zu machen. In den Jahren, da er noch nicht bedeutend war, mussten seine Visitenkarten Wichtigkeit signalisieren. Ständig wurden sie erneuert und um Zusätze ergänzt: Doktor, Professor, Universitätsmusikdirektor, Hofrat, schließlich »herzogl. Sachsen-Meiningscher Hofkapellmeister«. Irgendwann aber stellte sich der Erfolg ein. Max Reger fühlte sich stark und wichtig genug, auf alle schmückenden Bedeutungsverstärker zu verzichten. Schließlich stand auf seiner Visitenkarte kein Titel mehr, noch nicht mal mehr sein Vorname. Sondern nur noch: »Reger.«

Sich Zeit lassen mit Fontane

Dieses Kapitel will den Älteren Mut machen. Es geht hier aber nicht um jene Vorbilder, die sowieso zeit ihres Lebens Stars waren, was sie dann auch noch im Alter durch Höchstleistungen unterstrichen. Wir reden hier also nicht über Goethe, der als alter Mann den *Faust* vollendete, nicht von Picasso, der bis ins hohe Alter seine Kreativität nicht verlor, nicht von Charlie Chaplin, dessen letztes und zehntes Kind auf die Welt kam, als er dreiundsiebzig war, nicht von Michelangelo, der mit achtundachtzig Jahren noch an seiner letzten Madonna arbeitete, und auch nicht von Ernst Jünger, der als Greis aussah wie ein vitaler Frühpensionär, im Alter von hundertundzwei Jahren starb und mit neunzig die Kriminalgeschichte *Eine gefährliche Begegnung* veröffentlicht hatte. Es geht um Menschen, die uns zeigen, dass es nie zu spät ist anzufangen. Menschen wie Theodor Fontane, Grandma Moses und Konrad Adenauer. Sie alle kamen gleichsam aus dem Nichts und wurden Stars ihrer Zeit.

Gewiss, viele Genies waren früh vollendet. Mozart starb mit fünfunddreißig, Wilhelm Hauff mit vierundzwanzig, Georg Büchner mit dreiundzwanzig. Alle drei hinterließen ein – im Falle Mozarts auch noch unfassbar umfangreiches – Werk, das bis heute Bestand hat. Mit dreiundzwanzig oder vierundzwanzig schicken sich heutzutage junge Männer so allmählich an, dem Gedanken an die Magisterarbeit näher zu treten, um sie dann nach allerhand krisenhaften Entwicklungen zwei Jahre später abzugeben. Büchner aber hatte zu diesem Zeitpunkt bereits den *Woyzeck* geschrieben. Und *Dantons Tod* und *Leonce und Lena* und die geniale Erzählung *Lenz*. Nach ihm ist heute der bedeutendste und höchstdotierte deutsche Literaturpreis benannt, und das zu Recht, denn seine Werke werden gelesen, aufgeführt, diskutiert, sie haben hundertzweiundsiebzig Jahre nach seinem Tod genug Kraft und Substanz, um Menschen anzuregen und aufzuregen.

Von Wilhelm Hauff schätzen wir noch heute den *Kalif Storch*, den *Kleinen Muck*, den *Zwerg Nase*, *Das Wirtshaus im Spessart* mit der Sage vom Hirschgulden und dem Melodram *Das Steinerne Herz* (das übrigens Adorno nicht grundlos stets seinen Geliebten zu schenken pflegte). Zu Lebzeiten war dieser geniale junge Wilhelm Hauff aus Stuttgart überdies bekannt für seine Romane und Erzählungen – das alles hatte er erschaffen, bevor ihn kurz vor seinem fünfundzwanzigsten Geburtstag das Nervenfieber dahinraffte.

Aber der Frühstart, sosehr er uns Normalmenschen beeindruckt, ist kein konstituierendes Merkmal von Genialität oder auch nur Qualität. Klar, wir bewundern die Frühvollendeten, aber daneben gibt es eben auch Spätberufene, Menschen, die ein wenig mehr Zeit brauchen für das Reifen ihrer Kräfte. Auf sie trifft eben zu, was Frühentwickler Goethe längst wusste: »Es bildet ein Talent sich in der Stille.«

Und diese Stille kann lange währen, sie muss sintern, wabern, sich ausdehnen – manchmal mehr als siebzig Jahre. Wie im Falle Konrad Adenauers. Selbst heute, da nahezu jedermann in Altersteilzeit geschickt wird außer den Politikern (bei ihnen scheint das Renteneintrittsalter außer Kraft gesetzt), erscheint es einem irgendwie unglaubhaft, dass dieser alte Mann sich so lange an der Macht halten konnte. Dass er mit dreiundsiebzig Bundeskanzler wird – das wäre auch heute denkbar. Otto Schily wurde im Alter von sechsundsechzig Jahren noch Bundesinnenminister und trat mit siebenundsiebzig aus dem Bundestag ab. Aber dass Adenauer einundachtzig war, als er den bis heute ungebrochenen Rekord aufstellt, dass er nämlich 1957 für seine CDU die erste und einzige absolute Mehrheit in der Geschichte der deutschen Demokratie holt, das erscheint einem aus heutiger Sicht doch etwas grenzwertig, jedenfalls höchst erstaunlich. Aber damit nicht genug. Konrad Adenauer wird 1961 noch ein weiteres Mal zum Kanzler der Bundesrepublik Deutschland gewählt. 1963 ist der Mann siebenundachtzig Jahre alt und fährt im offenen Mercedes neben dem sechsundvierzig Jahre alten Präsidenten John F. Kennedy durch Berlin und lässt sich neben dem amerikanischen Politstar noch einmal bejubeln. Im selben Jahr tritt er im Oktober vom Amt des Bundeskanzlers zurück, das er vierzehn Jahre lang bekleidet hatte, mit einundneunzig stirbt er.

Keiner der Spätberufenen, über die wir hier reden, kommt tatsächlich aus dem Nichts. Sie waren nur, wie der frühere Kölner Oberbürgermeister Adenauer, lange Zeit öffentlich nicht sichtbar, oder sie ließen ihr früh erkennbares Talent für eine ganze Weile brachliegen, weil die Lebensumstände es erforderten.

Wie bei Ingrid Noll. Hätte der Arztgattin Ende der achtziger Jahre jemand prophezeit, sie werde bald eine ungewöhnlich erfolgreiche Schriftstellerin, hätte sie es wohl selbst nicht geglaubt. Der Impuls des Schreibens hatte sich zwar auch bei ihr früh geregt. Schon als Kind (sie wuchs in China auf) hatte sie kleine Geschichten verfasst, doch die verbarg sie vor ihrer Familie. Zurück in Deutschland, macht sie Abitur, bricht nach wenigen Semestern ihr Studium ab, ist berufstätig, heiratet einen Arzt, arbeitet in dessen Praxis mit, zieht drei Kinder groß. Erst als die nach und nach aus dem Haus sind, knüpft sie an die Freude ihrer Kindheit an, sie beginnt zu schreiben.

Als das Manuskript fertig ist, fühlt sie sich keinesfalls als die künftige Bestsellerautorin, die sie bald darauf werden wird. Sie zeigt es zunächst ihrem Mann, den Kindern, ihren Schwestern, einigen Freundinnen. Und erst, als die alle sie bestätigen und ermuntern, traut sie sich, das Manuskript für ihren Krimi *Der Hahn ist tot* an zehn Verlage zu schicken.

Dies ist der unwahrscheinlichste Weg zum Erfolg. Verlage werden überschüttet mit »unverlangt eingehenden Manuskripten«, nur selten wird solchen Texten überhaupt mehr als ein flüchtiger Blick geschenkt. Doch die Frau, deren bisherige Karriere sich mit dem seltsamen Titel »Arztfrau« (niemand würde sagen: »Fliesenlegergattin«) zufriedengeben musste, hat Glück. Oder man kann es auch anders sagen: Ein tüchtiger Verlag (Diogenes) erkennt ihr Talent. Wenig später bekommt sie einen Vertrag. Im Gespräch mit der Krimiautorin und Kollegin Nikola Hahn hat Ingrid Noll später geschildert, was für ein Gefühl das war, ihr erstes Buch in Händen zu halten: »Mein erster gedruckter Roman lag in meinen Armen wie ein neugeborenes Kind. Ich schleppte mein Baby tagelang mit mir herum und stellte es abends auf den Nachttisch, damit mein erster Blick am nächsten Morgen wohlgefällig darauf ruhen konnte.«

Der Hahn ist tot hält sich ein Dreivierteljahr auf der *Spiegel*-Bestsellerliste. *Die Apothekerin* schafft spielend das Doppelte und wird mit Katja Riemann erfolgreich verfilmt. In rascher Folge verfasst die produktive Autorin Roman um Roman, die meisten sind Krimis, und deren Erfolg erklärt sich nicht nur aus Nolls klarer Diktion, sondern verdankt sich auch dem Umstand, dass die Täter(innen) beinahe so normale Menschen wie du und ich sind.

Ingrid Noll ist fünfundfünfzig, als ihr der Durchbruch gelingt. Achtundfünfzig Jahre zählt der amerikanische Spitzenanwalt Louis Begley, der sich 1990 für ein paar Monate

ein Sabbatical von seiner Kanzlei nimmt, um sein Erstlings-
werk zu Papier zu bringen: *Lügen in Zeiten des Krieges*. Es berichtet von einem polnischen Jungen, der dem Holocaust
entkommt. Auch Louis Begley war einst ein polnischer Junge, geboren 1933 als Ludwik Begleiter in Stryj. Nachdem sein
Erstling solch ein fulminanter Erfolg geworden ist, veröffentlicht Begley viele weitere Romane, einer der erfolgreichsten
wird *About Schmidt*, verfilmt mit Jack Nicholson in der Titel-
rolle. Der einstige Eliteschüler und Harvard-Absolvent Begley entfaltet also in einem Alter, in dem andere längst vom
Ruhestand träumen, eine Schaffenskraft, die ihm Ruhm,
Geld und zahlreiche Auszeichnungen einträgt (allerdings natürlich auch manchen Verriss). Umso erstaunlicher ist diese
Leistung, als Begley bis 2007 weiterhin als Anwalt tätig war.

Natürlich braucht es für den Durchbruch zu einer bedeutenden Karriere auch Glück, Zufall oder eine Fügung des
Schicksals. Das lehrt unter anderem der Fall der Grandma
Moses. Als solche wurde sie nach dem Zweiten Weltkrieg zu
einer Weltberühmtheit und war für einige Jahre in Europa
vielleicht die bekannteste und populärste amerikanische
Künstlerin. Geboren wurde sie 1860 als Anna Mary Robert-
son. Sie war ein Kind armer Leute, verdingte sich mit zwölf
als Helferin in der Landwirtschaft, heiratete mit siebzehn,
bekam zehn Kinder, von denen fünf überlebten. Die star-
teten die Initialzündung für ihre unglaubliche Laufbahn.
Grandma Moses war nämlich siebzig, als sie sich nach einem arbeitsamen Leben auf die Freude ihrer Kindheit be-
sann: Sie beginnt wieder zu malen, auch deshalb, weil ihre
arthritischen Finger keine Sticknadel mehr halten können,
wohl aber noch den Pinsel. Ihre Kinder loben sie und regen
an, dass sie ihre Bilder doch auch einmal anderen Menschen
zeigen solle. Acht Jahre später kommt es zu ihrer ersten Ausstellung, freilich nicht in einer Galerie, sondern in Thomas'

Drugstore in einem Nest namens Hoosick Falls im Staate New York. Und dann ereignet sich einer jener Zufälle, auf die erfolgreiche Menschen immer angewiesen sind und die sie dann in ihren Autobiographien »Fügung« nennen: Louis J. Caldor fährt durch Hoosick Falls und wird auf die Gemälde aufmerksam, die für drei bis fünf Dollar zum Kauf angeboten werden.

Caldor ist Sammler, er erkennt auf Anhieb die naive Kraft dieser ländlichen Szenen, er kauft alle Bilder, die im Drugstore ausgestellt sind, fährt zum Haus der Künstlerin und erwirbt noch zehn weitere. Ein Jahr darauf finden sich Grandma Moses' Werke in einer Ausstellung unbekannter zeitgenössischer Künstler im Museum of Modern Art in New York. Unbekannt? Das wird die alte Dame nicht lange mehr bleiben. Schon 1940 bekommt sie ihre erste One-Woman-Show, ihre Motive werden auf Postkarten gedruckt und massenhaft verbreitet, sie wird nicht nur in Amerika zu einer populären Figur, sondern vor allem auch in Japan. Sie ist schlicht, aber witzig, sie hat ein gewisses Show-Talent, Präsident Truman lädt sie ins Weiße Haus ein.

Was aber macht ihren Erfolg aus? Wahrscheinlich ihre Authentizität. Anna Mary Robertson-Moses, wie ihr offizieller Name heißt, verstellt sich nicht. Die späte Künstlerin fühlt sich von einem naiven Gottesglauben getragen, der sie sagen lässt: »Warum sind die kleinen Kinder glücklich? Sie vertrauen darauf, dass die Eltern für sie sorgen werden. Nun, für die Großen könnte es genauso sein, wenn sie nur immer fest daran glaubten, dass der Herr schon für sie sorgen wird.« Und dann ist Grandma Moses als Person genau so freundlich und heiter, wie ihre Bilder es mit sanften Bergen, satten Weiden, sauberen Farmhäusern und kochenden Müttern am Herd sind. Die Gemälde bilden das gute Amerika ab, das unverfälschte und solide, wo die Menschen in ihrer Landschaft so tief verwurzelt sind, dass sie in denselben Häusern sterben, in denen sie geboren wurden. Außerdem sind ihre Bilder im Gegensatz zu moderner Kunst gegenständlich und deshalb von jedem zu begreifen. Die unausgesprochene Botschaft, die von ihnen ausgeht, heißt: Alles ist gut, alles wird gut.

Das ist bei Theodor Fontane ein bisschen ähnlich, aber auch ganz anders. Er ist in unserer Reihe der alten Anfänger der Älteste. Er hat sein ganzes Leben lang geschrieben – Gedichte, Reisebeschreibungen, Zeitungsartikel, er war als Kriegsberichterstatter in Frankreich und als Zeitungskorrespondent in London. Aber erst mit sechzig beginnt die eigentliche Blütezeit seines literarischen Schaffens. Erst als alter Mann schreibt er das Werk, das ihn unsterblich macht und dessen Suggestivkraft bis heute so vital ist, dass die bedeutendsten Filmemacher sich daran versuchen: *Effi Briest*. Kurz vor seinem sechzigsten Geburtstag gibt Fontane in einem Brief Auskunft über seinen taufrischen Gemütszustand: »Ich fange erst an. Nichts liegt hinter mir, alles vor mir.«

In rascher Folge erscheinen *Schach von Wuthenow*, *Unterm Birnbaum*, *Irrungen, Wirrungen*, *Effi Briest* und schließlich *Der Stechlin*. Solche Fülle eines hochklassigen Werkes bringt mancher Autor nicht in einem ganzen Leben zustande, für Fontane reichen wenige Jahre, wobei sie erst im Nachhinein vom Ruhme umglänzt sind. *Effi Briest* war, wie er schrieb, »der erste wirkliche Erfolg«, den er mit einem Roman erzielte. Heimito von Doderer sah in diesem Autor »das größte Beispiel der Geduld, des Reifen-Lassens«. Fontane habe seine Kraft aus der Beschränkung und Verwurzelung bezogen: »Er sank tief ein in seine märkische Landschaft; und das genügte ihm. Erst gegen sein sechzigstes Jahr schuf er aus solchem Boden seine besten Menschen.«

Was lernt jetzt ein älterer Mensch, der vielleicht zeit seines Lebens mit seiner beruflichen Tätigkeit nicht recht zufrieden war, aus den Karrieren von Ingrid Noll, Louis Begley, Theodor Fontane und Grandma Moses? Welche Schlüsse ziehen Menschen aus diesen Lebensläufen, die sich im Alter einmal ganz neuen, überraschenden Herausforderungen stellen wollen? Oder die vielleicht im Ruhestand plötzlich kreative Energien spüren, die sie zuvor nie an sich wahrgenommen hatten?

Die Botschaft dieses ungleichen Quartetts aus deutscher Arztfrau, amerikanischem Eliteanwalt, preußischem Menschenfreund und amerikanischer Farmersfrau kann nur lauten: Wer immer du bist, wer immer dich vielleicht kleinreden möchte, wer immer dir nichts zutraut, wie alt du auch bist: Versuche es! Und wenn du zwischendurch mal ein bisschen frustriert bist, weil du vielleicht nicht so schnell vorankommst, wie du willst, dann tröste dich mit Prinz Charles. Der Mann ist in einem Alter, da sich die meisten anderen allmählich auf die Rente vorbereiten, doch er wartet immer noch auf seinen richtigen Job. Von so viel Geduld dürfen Sie sich ein Scheibchen abschneiden.

Von Sucht loskommen mit Konstantin Wecker

Habsucht, Herrschsucht, Eifersucht, Ehrsucht, Gefallsucht: Fast alle Übel der Menschheit enden auf dieses Wort: Sucht.

Sucht ist etwas ganz Spezielles. Deshalb: Falls Sie Nichtraucher sein sollten und jemanden in Ihrer Nähe zum Aufhören bekehren wollen – hören Sie auf damit! Sie machen sich mit Ihren Appellen nur unbeliebt, Sie nerven! Kein Raucher braucht solche Attacken, denn das schlechte Gewissen plagt ihn längst selbst. Keinem Raucher müssen Sie heute vorhalten, wie gefährlich, wie lebensgefährlich seine Abhängigkeit ist, er hat es tausendmal gehört und gelesen. Nein, der Verzicht eines Rauchers auf seine tägliche Dosis Sucht muss aus ihm selber kommen. Bis dahin ist er für Drohungen, Appelle oder freundliche Belohnungen unzugänglich, bis dahin wird der Suchtgeplagte das Rauchen verteidigen, wie Serge Gainsbourg, der seine Sucht grotesk überhöhte: »Meine Zigarette bedeutet mir mehr als meine Frau, meine Zigarette wird mich niemals verlassen.« Bis dahin wird er das Rauchen eisern gutheißen, obwohl er längst nicht mehr jede einzelne Zigarette genießen kann, obwohl er sich selbst ein bisschen dafür verachtet, dass er morgens schon auf nüchternen Magen seiner Sucht folgt und im Kino nach einer Dreiviertelstunde auf dem Klo den Nikotinpegel ins Lot bringt.

Der Raucher weiß also genau, was er tut, er braucht Ihre Ratschläge nicht, auch Ratschläge sind Schläge. Eines Tages wird er mit hoher Wahrscheinlichkeit seinen Entzug planen, und erst in diesem Moment sind Sie gefragt, dann aber mit aller Liebe, aller Fürsorge und mit allen Tricks der angewandten Psychologie. Loben müssen Sie ihn, loben! Für den Entschluss, für die erste halbe Stunde ohne Zigarette. Danach alle sechzig Minuten, mindestens ein Jahr lang täglich. Und wenn er sich zurücksehnt und seufzt, wie schön das jetzt wäre, nur eine kleine Zigarette, dann führen Sie ihm alle Vorteile des Nichtrauchens vor Augen: die Gesundheit, das Geld, die wiedergewonnene Freiheit über sich selbst.

Denn natürlich: Rauchen ist auch etwas Schönes, es erzeugt Sensationen in der Lunge. Alkohol macht das Gleiche mit Kopf und Seele. Schon die Bibel bescheinigt dem Wein, eine gute Gabe Gottes zu sein. Und wer wollte die entspannende, befreiende, enthemmende, kreativitätsfördernde Wirkung des Alkohols leugnen? Schon gar nicht John Updike, der wegen eines Medikaments, das er nehmen muss, keinen Alkohol mehr trinkt. Deshalb meint er: »Wer zu trinken aufhört, hackt ein kleines Stück seiner Menschlichkeit ab.« Ohne den Genuss von Alkohol gibt es für Updike keine emotionalen Achterbahnfahrten mehr, »nicht mehr die Euphorie des zweiten oder dritten Drinks, wenn deine Ängste dahinschmelzen und du glaubst, jeden zu lieben und für alle liebenswert zu sein.« Er ist sich darin übrigens ganz einig mit Udo Lindenberg, der zum Thema Alkohol eine ganze Menge sagen kann, unter anderem: »Mein Herzinfarkt war eine gesunde Reaktion auf 100 Zigaretten und zweieinhalb Flaschen Whisky am Tag.« Aber auch: »Ein bewusstseinserweiternder Doppelkorn kann Horizonte verschieben.«

Nein, natürlich kann man es niemandem empfehlen, immer nur nüchtern durchs Leben zu gehen. In Maßen ist Alkohol gesund und anregend. Aber wir reden hier ja von Sucht, von Abhängigkeit, von »Alkoholkrankheit«, wie es jetzt heißt, während die Kettenraucher noch nicht gnädig als

Nikotinkranke, die süchtigen Pralinenfresser noch nicht als Süßigkeitenabhängige gewürdigt werden. Vom Alkohol loszukommen – für diese ungemein schwierige Aufgabe sucht sich jeder am besten professionelle Beratung, oder er macht es wie Heiner Lauterbach.

Der sagt, er habe sich zehn Jahre lang zum Alkoholiker getrunken, um es dann fünfundzwanzig Jahre lang zu bleiben. Im Interview mit dem ›Stern‹ schont er sich nicht: »Ich hatte Langeweile, also habe ich gesoffen und gehurt. Ich finde Leute grausig, die banale Gründe mit Tiefenpsychologie oder ihrer Mutti rechtfertigen und einen Scheiß sagen wie: ›Mit dem Trinken bin ich vor mir selbst davongelaufen.‹ Ich bin morgens um 11 in die Kneipe gegangen und habe zwölf Stunden lang gesoffen. Das war teilweise extrem amüsant und teilweise ziemlich stumpfsinnig. Das bleibt nicht aus bei 10 000 Besäufnissen. Saufen ist eben doch eine ziemlich banale Beschäftigung.«

Weil er kein Genuss- sondern »reiner Wirkungstrinker« war, brauchte er für den Suff übrigens auch eine Menge Zeit. Heute trinkt er so gut wie gar keinen Alkohol mehr und stellt mit Staunen fest: »Eine der größten Veränderungen war, dass ich auf einmal jeden Tag acht Stunden mehr Zeit habe. Die hatte ich vorher in Kneipen verbracht.«

Und wie hat er den Entzug geschafft? Mit Hilfe von Experten? Nein, er hat das ganz allein gemacht, »denn was Alkohol betrifft, bin ich ja selbst Profi«. Er hatte seinem Hirn »diese ununterbrochene Hardcore-Druckbetankung« nicht mehr zumuten wollen – und hörte einfach auf.

Einer, der es auch geschafft zu haben scheint, ist Konstantin Wecker. Sein Feind hieß erst Kokain, dann Crack.

Konstantin Wecker, geboren 1947 in München als Sohn eines Opernsängers, machte zielgerichtet Karriere. Geigenunterricht, Klavierunterricht, Musikstudium, sehr schneller

Erfolg. Liedermacher, Kleinkünstler, Filmmusikkomponist, Romanautor. Ging auf Tourneen, trat mit Jazzgrößen auf, es folgten Fernsehporträts, Musicals und zahlreiche Auszeichnungen. Wecker lebt auf der Überholspur, er verdient viel Geld, er hat für alles seine Leute. Vor allem ist er immer auf der Suche. Nach Lust, nach prallem Leben, nach Ekstase. Als er, einundfünfzig Jahre alt, wegen des unerlaubten Besitzes von 1,5 Kilo Kokain vor Gericht steht, da plädieren seine Anwälte auf Unzurechnungsfähigkeit. Auf der Jahrestagung der bayerischen Nervenärzte hält Konstantin Wecker später einen Vortrag über seine Suchtkarriere. Und über Ekstase: »Seit ich mich dem Musikantenberuf verschrieb, habe ich mich auch der Ekstase verschrieben.« Die Ekstase sei nun einmal die einzige Möglichkeit, »der Enge des Körpers zu entwachsen«.

Jeder Raucher kennt die Sensation eines tiefen Lungenzugs. Jeder Gourmet weiß um die Begeisterung seines Gaumens, wenn eine kulinarische Wonne lustvoll und intelligent zubereitet wurde, jeder Trinker verliebt sich aufs Neue in die Euphorie des langsam anschwellenden Rausches. Doch was das Kokain im Körper anrichtet, das muss unvergleichlich sein. Konstantin Wecker hat es beschrieben: »Der Kick des ersten voll durchgezogenen Zuges ist so gigantisch, dass man ihn nie mehr vergisst und sich der sofortige Wunsch, nein, die unbedingte Notwendigkeit, ihn auf der Stelle zu wiederholen, für immer ins Hirn programmiert.« Die Gefahr dieses ersten perfekten Zugs liegt also darin, dass man ihn immer wiederholen will, obwohl man weiß, dass solche Perfektion nie mehr ganz erreicht werden wird. Raucher ahnen dunkel, wovon er spricht.

Doch der Wahnsinn lauert sehr schnell auf den Kokain-Konsumenten. Er flippt fast aus, wenn nur noch ein paar Gramm des Stoffs als Vorrat verbleiben. Er verbirgt seinen

Stoff vor dem besten Freund, er schlitzt Möbel auf, weil er vergessen hat, wo er etwas versteckt haben könnte. Und vor allem: Er verändert sich, und Wecker weiß es sogar: »Ständig schweißüberströmt, aufgeschwemmt aufgrund eines Nierenversagens, weit aufgerissene Augen, wirrer Blick, war ich kaum mehr in der Lage, meine Bewegungen in einem gesellschaftlich akzeptierten Maß zu koordinieren.«

Irgendwann ist Konstantin Wecker »auf Crack«. Crack wird in Pfeifen geraucht, chemisch ist es zwar nur eine Mischung aus Natron und Kokainsalz, lebenspraktisch aber das reine Teufelszeug. Es wirkt nicht nur blitzschnell, es führt fast ebenso rasch zur Abhängigkeit. Konstantin Wecker raucht am Ende fast alle zehn Minuten eine Pfeife. Er ist zu kaum etwas anderem noch zu gebrauchen. Weil sich auch sein Äußeres immer stärker verändert, verhängt er zu Hause die Spiegel.

Als im November 1995 zehn Beamte des Bundeskriminalamtes seine Villa in Grünwald stürmen (die Miete hatte er schon seit längerem nicht mehr überwiesen), da ist Konstantin Wecker beinahe erleichtert. Irgendwie hatte er geahnt, dass er dieses Leben nicht mehr lange aushalten würde, irgendwie rettet ihn das BKA vor dem totalen Kollaps. Er kommt in Untersuchungshaft, und das bedeutet kalten Entzug. Also kein sanfter Ausstieg, keine Therapie, keine Leidensgefährten, die wissen, was so einer durchmacht, keine Psychologen, die ihm fachmännisch zur Seite stünden. Und Wecker tut, was alle Süchtigen tun, er sehnt sich nach dem letzten Zug aus der Pfeife, den er eben machen wollte, als sein Haus gestürmt wurde. Wenn er den doch nur gemacht hätte, diesen einen Zug, denkt er, dann wäre alles besser, alles wäre sozusagen abgeschlossen. Aber das ist eine Illusion: »Die Gier nach einem geglückten Zug aus der Pfeife auf den nächsten ist mit nichts vergleichbar. Diese Droge ist wirklich eine moderne

Droge – sie lässt einem nicht mal Zeit, den ersehnten Kick zu genießen, da es einen schon währenddessen dazu treibt, den nächsten Zug aufzubereiten.«

Zwei Jahre nach Verhaftung und Entzug erinnert sich Wecker in der *Frankfurter Rundschau* daran, wie er es geschafft hat. Klar, die Droge hatte ihn im Griff, aber in seinem Leben gab es eben doch noch etwas anderes als nur die Droge, und das machte ihm Mut: »Dass ich mein Schreiben habe, dass ich weiß, dass ich als Künstler weitermachen will, dass ich meine Musik habe.« Wecker empfindet im Knast den körperlichen Entzug als gar nicht so schlimm, furchtbar sei der psychische gewesen: »Der ist noch schlimmer als beim Heroin, weil du beim Crack alle fünf Minuten ein Tief hast und du sofort wieder was brauchst.«

Immerhin. Konstantin Wecker hat es geschafft. Auf der Suche nach Ekstase ist er noch immer. Aber die muss er jetzt woanders finden. Er kann sich dabei ja an Hans Magnus Enzensberger orientieren: »Meine begrenzte Erfahrung mit Drogen ist, dass sie letzten Endes unproduktiv sind. Wenn ich mein Bewusstsein erweitern will, muss ich das schon selbst tun.«

Ach, übrigens: Sollte es in Ihrer Familie oder in Ihrem Freundeskreis einen jungen Menschen geben, von dem Sie wissen, dass er unheimlich gern mal Kokain ausprobieren will – halten Sie ihm bitte keine Predigt. Aber vielleicht nehmen Sie ihn beiseite und lesen ihm vor, was der Schauspieler Helmut Berger einmal überstehen musste. Oder sollte man besser sagen: aussitzen?

»1971 hatte mich Fürst Rainier zum Rotkreuz-Ball in den Sporting Club von Monaco eingeladen. Ich hatte auf der Herrentoilette schlechtes Kokain gezogen. Als ich wieder am Tisch saß und leise pupsen wollte, rutschte mir Flüssiges raus, und meine weiße Smokinghose färbte sich braun. Es stank fürchterlich, und Caroline von Monaco wollte dringend mit mir tanzen. Ich war aber zu keiner Etikette fähig und bin einfach bis vier Uhr morgens in meiner Scheiße sitzen geblieben. Das war die Hölle.«

Frauen verführen mit Casanova und Lauterbach

Warum dieses Kapitel nicht »Männer verführen« heißt, ja, warum ein solcher Abschnitt überflüssig ist – wollen Sie das wirklich erklärt bekommen? Also gut. Weil es die einfachste Sache der Welt ist, einen Mann zu verführen.

Männer sind extrem einfach gestrickt, sie fallen zu beinahe hundert Prozent auf erotische Verlockungen und Komplimente herein. Falls Ihnen das jetzt nicht genügt, sei hier mit Hilfe des Berliner *Tagesspiegel* ein wissenschaftliches Experiment zitiert: »Kürzlich haben Sexualwissenschaftler der State University of New York eine sehr gut aussehende Frau über den Campus geschickt, die Männer fragte, ob sie mit ihr schlafen wollen. 75 Prozent haben sofort ja gesagt. Als man das Experiment mit einem Mann wiederholte, haben nur sechs Prozent ja gesagt.«

Reicht das? Aus ebendiesen Gründen sind ja auch relativ wenige Bücher auf dem Markt, in denen den Frauen erklärt wird, wie sie Männer verführen. Umgekehrt herrscht kein Mangel an Titeln wie *Flirten, verführen und besitzen – Frauen erobern mit System, Der perfekte Verführer – Wie Sie garantiert jede Frau erobern* oder – Zeit ist schließlich Geld – *Frauen schnell verführen.* Auch das Internet wartet mit verlockenden Fragen auf, zum Beispiel mit dieser: »Was würden Sie sagen, wenn Sie ungeachtet Ihres Aussehens, Alters und Ihrer finanziellen Situation jede Traumfrau haben könnten?«

Ein halbwegs intelligenter Mann würde wahrscheinlich sagen: »Klingt unwahrscheinlich, und ehe ich dieser Internetadresse www.casanovas-erfolgsgeheimnisse.com für das E-Book 67 Euro in den Rachen werfe, schlage ich lieber einmal beim Meister selbst nach.«

Giacomo Casanova hieß dieser Meister. Er wurde 1725 in Venedig geboren und starb als armer Schlucker auf Schloss Dux in Böhmen im Jahre 1798. Er war Abenteurer, Hochstapler, Bankrotteur, Jurist, Autor, er bereiste halb Europa, er schrieb dreiundvierzig Bücher, die vergessen sind. Nur das vierundvierzigste, das einzige, das nicht zur Veröffentlichung bestimmt war, seine Lebenserinnerungen *(Histoire de ma vie)*, hatte Bestand und macht seinen Namen bis heute zum Synonym des Verführers.

Casanova war kein Don Juan, keine Sexmaschine. »Etlichen hundert Frauen«, schreibt er, habe er den Kopf verdreht – eine Zahl, über die Udo Jürgens oder Julio Eglesias nur müde lächeln können. Aber Casanovas Beziehungen waren zumeist nicht hastig und namenlos, und er war kein Egoist: »Der sichtbare Genuss, den ich verschaffte, war immer schon vier Fünftel meines eigenen Genusses.«

Was aber kann der Mann von heute von Casanova lernen? Die erste Lektion wäre wahrscheinlich die wichtigste: Dieser Mann war leicht entflammbar, er hat die Frauen wirklich geliebt, er war ein begeisterter Anhänger des weiblichen Geschlechts, und das ist durchaus wörtlich gemeint: »Süß fand ich stets den Geruch der Frauen, die ich geliebt habe, und je stärker eine roch, umso süßer schien sie mir.« Und zimperlich war er auch nicht, er zeigte bei aller prärevolutionären Galanterie durchaus einen Hang zum Küchenpersonal. Kurt Tucholsky, selbst kein Kostverächter, bezeichnete es als eines von Casanovas Erfolgsgeheimnissen, »sich erst mal bei den Domestiken auszuvögeln, er geht dann ruhiger an die großen Damen heran und kann warten«.

Die zweite Lektion ist überraschend. Vielleicht ist sie zeitgebunden und würde heute nicht mehr funktionieren, aber lesen Sie selbst oder probieren Sie den folgenden Doppelangriff einfach einmal aus: »Während meiner langen Laufbahn als Libertin hat mich mein unüberwindlicher Hang zum schönen Geschlecht alle Mittel der Verführung anwenden lassen; aber den besten Erfolg hatte ich stets, wenn ich Novizinnen, deren moralische Prinzipien und Vorurteile der Eroberung im Weg standen, vorsorglich nur in Gesellschaft einer zweiten Frau angriff.«

Aha. Interessant. Frauen werden in Gesellschaft von Frauen lockerer? Casanova lässt es nicht bei solchen allgemeinen Feststellungen, er belegt sie auch durch praktische Beispiele in der Duett-Verführung: »Sobald die Freundin sich die geringste Gunst entreißen lässt, wird sie, um nicht erröten zu müssen, die erste sein, die ihre Freundin dazu antreibt, eine größere Gunst zu gewähren; und wenn der Verführer geschickt ist, wird die Unschuldige, ohne eine Ahnung zu haben, zu weit gegangen sein, um noch zurück zu können.«

Drittens, und heute gewiss unverändert wichtig: Casanova hatte Esprit und Humor, er muss die Frauen ins Bett geplaudert haben. Denn gleichgültig, was die Frauenverführungsratgeber so alles behaupten – am besten aufgehoben fühlen sich Frauen noch immer bei Männern, die sie zum Lachen bringen. Auch nicht so toll aussehende Männer haben noch heute die Chance, Frauen durch Witz und Charme für sich einzunehmen. Auch gute Manieren und Höflichkeit schaden nicht. Und das wissen wir nicht erst, seit Mario Puzo in seinem Bestseller *Der Pate* einen Sänger namens Johnny Fontane schilderte, der zufällig eine gewisse Ähnlichkeit mit Frank Sinatra aufwies: »Stets höflich zu den Frauen, sogar auf dem Gipfel seines Ruhmes. Immer schon hatte er ihnen Komplimente gemacht, Feuer angeboten, Türen geöffnet.

Und da diese Dinge sonst immer für *ihn* getan wurden, machte er damit umso größeren Eindruck auf die Mädchen.«

Gewiss, Höflichkeit ist etwas Schönes, aber leider ist es immer wieder verblüffend, mit welch einfachen Tricks Heiratsschwindler ihre Opfer über den Tisch ziehen. Wenn sie einen Blumenstrauß mitbringen, gilt das vielen Frauen schon als ausgesprochen galant. Was aber nur zeigt, wie wenig einfallsreich, höflich oder großzügig die Männer sonst sind. Der amerikanische Filmproduzent Robert Evans *(Harold and Maude, Der Pate)* gab sich auf seine Weise ebenfalls Mühe: »Mein englischer Butler war angewiesen, die Namen der Frauen, die über Nacht blieben, auf einem Zettel zu notieren und mir unauffällig unter einem Teller auf dem Frühstückstablett zu servieren. So konnte ich das Mädchen, das morgens neben mir lag, mit dem Namen ansprechen.«

Vieles andere bleibt beim Verführen eine Frage der sozialen Intelligenz: Ein Mann muss spüren, wann er eine Frau mit der Einladung in ein Luxusrestaurant beeindruckt oder abschreckt. Er muss spüren, ob sie es unangenehm protzig oder angemessen aufmerksam fände, wenn er beim München-Aufenthalt im Hotel *Königshof* den neben dem Eingang wartenden Rolls-Royce samt Fahrer für 150 Euro pro Stunde mieten würde, um sich mit ihr durch die Stadt fahren zu lassen. Dass er bei seinen Annäherungen immer nach der Gegenteil-Strategie vorgeht, versteht sich sowieso von selbst: Ist sie schön, lobt er ihre Intelligenz, ist sie nicht so attraktiv, rühmt er ihre Schönheit, und der Langweilerin schwärmt er vor, was für eine spannende Persönlichkeit sie doch sei. Kann er beim Loben übertreiben? Niemals, Frauen dürsten nach Lob, vor allem in der Bestätigungswüste Deutschland. Noch am überschwänglichsten Lob wird eine Frau ein Körnchen Wahrheit finden. Höchst erstaunlich, dass die meisten Männer das immer noch nicht begriffen haben.

Viertens: Casanova bekannte sich zu seiner Leidenschaft, er verbarg seine Begeisterung für eine Frau nicht hinter schamhafter Verstellung oder verklemmtem Schielen ins Dekolleté. Anderen Männern, denen sein Erfolg bei den Frauen nicht verborgen blieb und die ihn nach seinen Tricks fragten, antwortete er: »Ich habe keine – lassen Sie nur Ihren Lüsten freien Lauf!«

Und dies ist weiser, als es klingt: Den Frauen ist sicherlich ein Mann lieber, der ihnen gleich zu erkennen gibt, dass er sie begehrt, als einer, der ewig herumdruckst. Auf diese Weise können sie dem Entflammten gleich mit der richtigen Reaktion entgegentreten, können ihm Ablehnung und Distanz oder Interesse und Wohlwollen signalisieren. Im Übrigen mögen die Frauen gespürt haben, dass es dem Schürzenjäger Casanova auch ums Individuelle ging: »Ich verliebte mich immer in das Gesicht, und ich fühlte mich stets bereit, beim Übrigen großzügig zu sein.«

Was sich der Mann von heute bei Casanova noch abschauen kann? Diskretion. Nie nennt er die Namen seiner Gespielinnen, allenfalls Vornamen oder Anfangsbuchstaben, doch auch die sind oft geändert. Und ganz wichtig: Er verabschiedete sich stets mit Stil, höflich, freundlich, mit einem kleinen Geschenk oder ein paar liebenswürdigen Zeilen. Und der lebenslange Junggeselle blieb standhaft: Nie, auch nicht in den Augenblicken höchster Lust, ließ er sich ein Heiratsversprechen abschmeicheln.

Ein ganz anderer Fall als Casanova ist der belgische Erfolgsautor Georges Simenon, der es nicht nur auf die unfassbare Zahl von rund vierhundert Büchern gebracht haben soll (die Angaben schwanken), sondern angeblich auch in anderer Hinsicht unglaublich produktiv gewesen ist. In einem Gespräch mit Federico Fellini für das französische Nachrichtenmagazin *L'Express* hat Georges Simenon dem verblüfften italienischen Regisseur plötzlich prahlend unter die Nase gerieben: »Wissen Sie, Fellini, ich habe, seit ich dreizehneinhalb war, zehntausend Frauen gehabt.« Später hat er auf dieser sonderbaren Aussage sogar insistiert: »Es ist wahr, ich habe es nachgerechnet.« Und er hat seinen Trieb nicht erklärt mit Besessenheit, Sexsucht oder der Einsicht in zwangsneurotisches Verhalten, er hat sein Verlangen nach Frauen mit geradezu existenzieller Forscherlust, mit einer sehr ursprünglichen Suche nach Erkenntnis begründet: »Wenn ich eine Frau sehe, ist mein erster Reflex: Wie ist ihr Gesichtsausdruck während des Orgasmus? Es wird ein völlig anderes Wesen. Das habe ich mein Leben lang gejagt. Es ist der Schlüssel zur Frau. Und darum behaupte ich, dass man eine Frau nicht kennt, wenn man nicht mit ihr geschlafen hat.«

Und all diese Frauen, diese zehntausend Frauen? Warum haben sie sich dem hageren Manne ergeben, der ja nach gängigen Idealen auch nicht unbedingt ein Adonis war? Nicht auszuschließen, dass viele von ihnen ebendies gespürt haben, diese namenlose Lust, die von dem Manne ausgegangen sein muss, das Verlangen nach Erkenntnis, die ja ein doppelbödiges Wort ist – im Sinne intellektuellen Durchdringens wie im Sinne der Bibel, die für die körperliche Vereinigung die Worte »sie erkannten sich« gebraucht?

Jane Birkin, die viele Jahre an der Seite des unattraktiven Frauenhelden Serge Gainsbourg verbrachte und ihm auch nach der Trennung noch verbunden blieb, wäre nicht die erste Frau, die in der Intensität eines Mannes seine größte Faszination sah. Von Serge Gainsbourg stammt im Übrigen auch der coole Satz: »Ich rede nicht zärtlich, ich bin es.« Der eher unschöne Mann lebte natürlich auch von der Phantasie, die sein Liebesduett mit Jane Birkin in den Köpfen erzeugte (»Je vais et je viens entre tes reins« – ich gehe und ich komme zwischen deinen Lenden), solche Männer leben dann bald auch von ihrem Ruf, was ja vor allem für Mick Jagger gilt. Hat eine Frau erst einmal zehn Geschichten darüber gelesen, wie Mick in der Küche das Hausmädchen vernaschte, während seine Partnerin Jerry Hall im Wohnzimmer saß, oder die sachdienlichen Hinweise seiner Opfer zur Kenntnis genommen (»Gleich beim ersten Mal trieb er wilde Spiele mit Karamellpudding. Ich verlor die Beherrschung. Es war außerirdisch.«), so verstärkt der Ruf die Wahrnehmung. So wie die ›Stern‹-Autorin Evelyn Holst politisch inkorrekt auf Heiner Lauterbach, auf den wir noch kommen werden, ein öffentliches Loblied sang: »Ich mag Heiner Lauterbach, weil er mal ein richtig wilder Kerl war, der es krachen ließ, und keiner dieser Weichlinge, die beim Sex ständig: ›Ist es schön so für dich, mein Engelshaar?‹ flüstern, während sie mit vor Aufregung klammen Fingern an einem herumzupfen. Heiner, da bin ich sicher, weiß, was Frauen wünschen. Er sieht aus wie ein Mann, der gut im Bett ist.«

Ein Sonderfall für den Verführer sind schöne Frauen. Viele Männer reagieren beim Anblick einer Ausnahme-Beauty durch Schockstarre, wie auch Claudia Schiffer vor ihrer Ehe berichtet hat: »Ich lerne sehr wenig Männer kennen, weil die sich, glaube ich, nicht trauen oder denken, ich bin nicht von dieser Welt. Manchmal sagt einer zu mir, dass er mich gerne kennenlernen möchte, okay sage ich, lassen Sie uns reden. Ich habe sogar mal den Platz neben mir freigehalten, aber der Mann setzte sich weit, weit weg.« Selbst die einstige *Tagesschau*-Sprecherin Dagmar Berghoff berichtet aus ihren jüngeren Jahren, viele Männer seien in ihrer Anwesenheit »erstarrt vor Anbetung« oder »vor lauter Bewunderung sprachlos« gewesen.

Der nicht so stumme Teil des Männeruniversums tickt dagegen völlig aus, überschüttet die Schönheit mit Lob und

Vergötterungslitaneien, er nervt durch niederkniende Bewunderung: Dass sie schön sind, bekommen diese Frauen oft schon seit ihrer Kindheit gesagt, es langweilt sie meist, sie würden lieber etwas anderes hören oder ausnahmsweise mal statt mit hündischer Ergebenheit mit Humor konfrontiert werden. Der Fotograf Peter Lindbergh, der unendlich viele schöne (nackte) Frauen vor seiner Linse gehabt hat, gibt seinen Geschlechtsgenossen einen Rat: »Das Geheimnis, wie man eine schöne Frau erobert, ist unheimlich einfach: gar nichts machen. Toll aussehende Frauen werden dauernd angebaggert. Da ist es für sie eine Wohltat, wenn dich jemand total normal behandelt und nicht andauernd mit seinen Augen runterrutscht. Glauben Sie mir: Das ist ein echter Insider-Tipp.« Ein anderer Hinweis kommt vom Schriftsteller Peter Schneider: »Ich liebe es, Frauen zu beschenken. Wenn sie dann mit schweren Tüten bepackt sind, werden sie so anschmiegsam.«

Falls auch das nichts bringt (Sie sind aber wirklich ein Härtefall!), können Sie es in allergrößter Not mit der Trauerkloß-Methode versuchen. Denken Sie an das Schlimmste, das Sie sich vorstellen können, an den Tod eines geliebten Menschen, an den Abstieg Ihres Vereins oder an eine schreckliche Diagnose, mit der Sie soeben konfrontiert wurden. Nein, nicht einfach so dran denken, sondern tief in Ihre Seele inhalieren. Gut. Jetzt gehen Sie mit diesem von Trauer gezeichneten Gesicht unter Menschen. Wenn Sie kein ganz schlechter Schauspieler sind, wird Ihnen mit ziemlicher Sicherheit bald eine Frau die Hand auf den Arm legen und etwas Nettes oder Tröstendes sagen. Ein aufmunterndes Lächeln der Fleischereifachverkäuferin Ihres Vertrauens ist das Mindeste, mit dem Sie rechnen können.

Aber wie ist das jetzt denn eigentlich, wenn man als Mann echt nicht so toll aussieht? Wie kriegt man massenweise junge Frauen ins Bett, wenn man beispielsweise nur 1,58 Meter misst, stark hervortretende Augen hat und schielt?

Ja, Sie ahnen es schon, jetzt ist von Jean-Paul Sartre die Rede. Gegen ihn war Brecht ein Schönling. Doch der Hunger des Philosophen und Autors nach Frauen, vor allem nach jungen, war mindestens so groß wie der des Romantikers. 1940 schreibt Sartre in sein Tagebuch (er ist 35 Jahre alt): »Was mich vor allem reizte, war der Akt der Verführung.« Die sexuelle Vereinigung interessierte ihn weniger: »Ich war eher ein Frauenmasturbierer als ein Beischläfer.« Über seine Liebschaften hat er seiner Dauerliebe Simone de Beauvoir – in einem Pakt hatten sie sich Eifersucht verboten – oft und detailliert berichtet, zum Beispiel über die junge Schauspielerin Colette Gilbert: »Sehr hübsche Beine, ein muskulöser und absolut flacher Bauch, kaum angedeutete Brüste, eine Zunge wie ein Kazoo, die sich endlos tief in deinen Rachen erstreckt, bis sie deine Mandeln liebkost.«

Aber solche Schönheitsbegeisterung sagt ja noch nichts darüber, wie der wenig attraktive Mann diese und andere Frauen ins Bett bekommen hat. Offensichtlich hat auch er die Frauen schwindlig geredet. Eine seiner Freundinnen schrieb später in ihren Erinnerungen, er habe die Sprache der Liebe »meisterhaft beherrscht«. Nach vielen Schmeicheleien, Begeisterungsausbrüchen und Kosenamen übersahen die Frauen dann irgendwann seine schielenden Augen, seine schadhaften Zähne, später half ihm wie Brecht und vielen anderen Kultautoren der Ruhm, denn eine bestimmte Art von Frauen findet es nun einmal toll, mit einer Geistesgröße das Bett geteilt zu haben.

Ansonsten ist es ganz offensichtlich auch bei Sartre die echte Begeisterung für die Frauen, die wir von Casanova ja schon kennen, die sich den Objekten seiner Begierde wohl mitgeteilt haben muss. Und was immer man gegen Sartre vorbringen kann, seine Liebe zum anderen Geschlecht ist nicht geheuchelt: »Nur in Gesellschaft von Frauen blühe ich auf. Ich rede lieber mit einer Frau über die unscheinbarsten Dinge als mit Raymond Aron über Philosophie. Ich langweile mich schauderhaft in Gesellschaft von Männern, aber höchst selten mit Frauen.«

Ähnlich uneingeschränkte Begeisterung hat auch Arthur Rubinstein im zarten Alter von neunzig zu Protokoll gegeben. Als Felix Schmidt den Pianisten fragte, was er denn mit den vielen Frauen getan habe, die seinen Lebensweg kreuzten, hat er mit der Offenheit des Greises wunderbar entwaffnend geantwortet: »Geliebt. Einfach geliebt. Frauen bedeuten für mich einfach Sex. Wenn eine Frau hübsch war, hat sie mich immer interessiert; sie konnte noch so dumm sein. Denn ich wusste, dass da ein Busen war. Was das wohl für einer ist, dachte ich mir, was kommt denn da heraus, wenn das Kleid fällt? Hält er sich schön oben? Ist er klein? Hat er schwarze Brustwarzen oder sehr, sehr schöne rosige?« Und dann kommt eine Passage, die jedem Mann, der längst noch nicht neunzig ist, Mut machen muss aufs Altwerden: »Frauen, die mich charmierten, die schön lachen konnten, die mir erlaubten, ein bisschen intim zu werden – das brauchte ich mein ganzes Leben lang. Warum sage ich, ich brauchte. Ich brauche sie ja immer noch, trotz meiner 90 Jahre. Mich verzaubert immer noch eine Frau, die schöne Haare hat oder die mir etwas Nettes sagt, immer noch.«

Aber zum Schluss noch zu zwei weiteren Frauenverführern: Brecht und Lauterbach. Wie Sartre war auch Bertolt Brecht kein Beau. Die Nase schief und zu groß, die Zähne schadhaft, der Teint leicht ins Käsige changierend, überdies ständig nach Zigarre riechend und schlecht gewaschen – Frauenhelden sehen anders aus. Oder eben auch nicht. Brecht hatte tatsächlich gute Chancen bei den Frauen, und zwar nicht bei den Dummchen, sondern bei selbstbewussten, intelligenten, kreativen, emanzipierten Frauen. Wie machte er das?

Was der Mann von Brecht unbedingt lernen kann, das ist eine gewisse Unbekümmertheit. Er schien sich nicht mit dem Gedanken zu plagen, dass seine Nase zu groß, sein Teint zu farbarm, seine Zähne zu kariös oder sein Odor nicht anziehend genug sein mochten. Er akzeptierte sich, wie er war. Und natürlich hatte er neben seinem unterdurchschnittlichen Äußeren ja einige Pfunde, mit denen er wuchern konnte: Charme, Intelligenz, raschen Witz, Zynismus im Wechsel mit Schönheitsbesoffenheit, Machismo gepaart mit Sensibilität. Schon bald trat der Ruhm hinzu, der auf die allermeisten Frauen immer anziehend wirkt. Außerdem waren die wichtigen Beziehungen Brechts zu Marianne Zoff, Marieluise Fleißer, Helene Weigel, Elisabeth Hauptmann, Margarete Steffin und Ruth Berlau immer auch Arbeitsbeziehungen: Auch wenn er ihre künstlerische Potenz nicht selten ausbeutete – seine Partnerinnen konnten sich doch (oder gerade deshalb) ernst genommen fühlen, sie standen mit ihm auf der Bühne, sie schrieben an seinen Stücken mit, sie strickten an seiner Legende. Und nicht selten vermischte sich ihre Kreativität mit der seinen, sie kreisten in den Umlaufbahnen des Meisters.

Neben die Unbekümmertheit trat mit den Jahren die Kühnheit. Der Liebhaber Bert Brecht wurde sozusagen zur personifizierten »self-fulfilling prophecy«: Jeder Erfolg bei den Frauen machte ihn noch unwiderstehlicher: »Er hatte das Selbstgefühl eines Liebesgotts«, schrieb Wolfgang Schneider über ihn. Und ebendieses Selbstgefühl machte ihn so stark: »Wenn er sich in den Rücken einer Frau schlich und leise ›Hallo‹ sagte, war Widerstand offenbar zwecklos.«

Was der Normalmann daraus lernen kann? Üben! Viel und lange üben! Sich unbekümmert über eigene Schwächen hinwegsetzen und darüber hinaus einfach kühn sein. Intelligenz, Witz und Bildung schaden natürlich auch nicht.

Brecht war Theatermann, Regisseur, Drehbuchschreiber, künstlerischer Leiter des deutschen Nummer-eins-Theaters ›Berliner Ensemble‹. Und natürlich haben es heute Schauspieler, Sänger und überhaupt Menschen aus der Showbranche noch einmal wesentlich leichter, von einer Frau erhört zu werden, weil die Frauen sie (was für Brecht nur minimal galt) aus dem Fernsehen kennen. Fernsehprominenz ist frauenmäßig unschlagbar. Schon Jungschauspieler, die eine Rolle in einer doofen Vorabend-Soap bekommen haben, berichten nach einem halben Jahr, dass sich ihre Chancen um mindestens hundert Prozent verbessert haben. Und echte Stars wie Franz Beckenbauer, Boris Becker oder Thomas Gottschalk bekommen Avancen, von denen sich ein Normalmann keine Vorstellungen macht. Darüber sollte niemand vorschnell urteilen, der das nicht am eigenen Körper erlebt hat. Udo Jürgens trifft mal wieder ins Schwarze: »Wenn man keine Chancen bei Frauen hat, ist es leicht, moralisch zu sein. Wenn einem aber Tag und Nacht Fotos unter der Hotelzimmertür durchgeschoben werden, ist das komplizierter.«

Heiner Lauterbach hat sein wildes Leben in seinen Memoiren unter dem schönen Titel *Nichts ausgelassen* betont offen geschildert. Der ›Stern‹ jedenfalls hatte nach der Lektüre den Eindruck, die Zahl seiner Bettgefährtinnen müsse vierstellig gewesen sein. Auch Lauterbach erzählt dem Magazin natürlich, dass er es als Schauspieler bei den Frauen »etwas einfacher« hatte als die Normalos, aber hatte er vielleicht nicht auch die besseren Tricks? Doch. Hatte er. Zum Beispiel die Katzenimitation: »Der sicherste Weg, einer Frau begehrenswert zu erscheinen, ist, von ihr wegzugehen. Das ist wie bei Katzen. Eine einigermaßen normale Katze will nicht auf den Schoß und gestreichelt werden. Wenn man aber weggeht und sie in Ruhe lässt, kommt sie auf einmal ganz von alleine an.«

Sollte der Katzentrick nicht zum Ziele führen, hat Herr Lauterbach noch die Lyrik-Masche drauf. Er wurde beim Buhlen um eine begehrenswerte Frau spontan zum Dichter. Na ja, er dichtete nicht wirklich, er hatte etwas auswendig gelernt, aber er tat so, als entstehe unter der großen Wirkung dieser begehrenswerten, dieser einzigartigen Frau in seinem Kopf etwas ganz Neues, etwas ganz Großes, Inniges: »Es war jedes Mal dasselbe Gedicht. Ich hatte es bei einer Freundin in der *Cosmopolitan* gelesen. Die Nummer hört sich ein bisschen salopp an, aber man kann damit wirklich sehr oft landen.« Echt? Sind Frauen, pardon, dermaßen blöde? Na gut, man darf nicht vergessen, Heiner Lauterbach ist Profischauspieler: »Man muss natürlich«, sagt er, »das Gefühl vermitteln, dass man das Gedicht ausschließlich für sie und im Moment erfunden hat. Aus diesem Grund versah ich das Vorgetragene mit Tempowechseln und Blicken, die in der Ferne nach Worten suchten.«

Unglaublich, oder? Und wie hieß nun dieses Werk? Halten Sie sich fest:

»Wenn du gegangen bist
und ich tief durchatme, um dich zu riechen,
wenn ich meine Augen schließe, um dich zu sehen,
wenn ich in mich hineinhorche, um dich zu hören,
wenn meine Hände über meinen Körper streicheln,
um dich zu fühlen,
dann weiß ich erst, wie lieb ich dich habe
und wie sehr ich dich brauche.«

Gut, Männer, das können Sie jetzt natürlich nicht mehr nachahmen, dieses Opus minimum ist hiermit verbrannt.

Aber es gibt zum Beispiel einige Gedichte von Erich Fried oder Pablo Neruda, die nicht so bekannt, aber wirklich gut sind. Versuchen Sie es doch mal mit denen, nur so als kleiner Tipp. Als ungeübter Lyriker sollten Sie allerdings keine Versuche starten, das Dichten wirklich selbst von Hand zu machen. Der Zweizeiler

»Wunderschön sind deine Locken,
doch noch toller deine Glocken«

dürfte nur bei karnevalistisch abgehärteten Damen aus dem Kölner Raum positive Herzenswirkung entfalten. Aber das werden Sie dann schon selbst merken. Danke.

Sich nichts gefallen lassen mit Coco Chanel

Renate Künast hätte sich ja auch damit abfinden können. Aber ihre Schulfreundin sollte aufs Gymnasium gehen
und sie selbst noch nicht einmal auf die Realschule. Nein,
das ließ sie sich nicht gefallen, dagegen hat sie sich gewehrt,
das fand sie nicht gerecht, schließlich war sie eine gute, eine
wissbegierige Schülerin. Das Elternhaus sah höhere Bildung
nicht vor. Der Vater hatte sich vom Automechaniker zum
Cheffahrer bei einem Unternehmen hochgearbeitet, die
Mutter schob Dienste als Krankenschwester und wollte, dass
ihre vier Kinder es eines Tages besser haben sollten. Für ihre
Tochter Renate schwebte ihr ein Posten als Büroangestellte
vor, da hat man sein Auskommen und macht sich auch nicht
dreckig. Viele junge Mädchen, die man damals in Recklinghausen nach ihren Zukunftsplänen fragte, gaben im schöns-
ten Ruhrgebietsdeutsch zur Antwort: »Ich geh im Büro.«

Renate Künast hat damals - mit zehn - sicherlich noch
nicht so weit gedacht. In ihr regte sich wahrscheinlich nur
das lebhafte Gefühl, ungerecht behandelt zu werden. Und
dann trat eine jener Frauen auf den Plan, die nie in der Zeitung stehen, die aber oft an den Weggabelungen des Lebens
gefordert sind, wenn es gilt, kleinen Mädchen und Jungen
beizustehen. Ihr Name sei hier stellvertretend für alle diese
tapferen Frauen vermerkt. Sie hieß Brunhilde Verstege.

Eines Tages also kreuzte Brunhilde Verstege bei Familie Künast in Recklinghausen auf. Sie sagt den Eltern, dass
dieses Mädchen begabt sei, dass Renate es verdiene, geför-

dert zu werden. Am Ende gibt Cheffahrer Künast nach, seine Tochter darf künftig auf die Realschule gehen. Aber ein paar Jahre später beginnt der Kampf aufs Neue: Nein, nach der mittleren Reife will Renate Künast keine Banklehre beginnen, sondern das Abi machen. Diesmal hilft der Berufsberater vom Arbeitsamt, Künast darf auf die Fachoberschule, studiert danach erst Sozialarbeit, dann Jura, macht Karriere bei den Grünen, wird die erste Verbraucherschutzministerin Deutschlands. Man sieht: Sich wehren tut gut.

Romy Schneider hat das auch getan. In drei kitschigen, aber handwerklich perfekt gemachten *Sissi*-Filmen hatte sie die unschuldige bayerische Prinzessin, die zur Gattin des österreichischen Kaisers aufsteigt, mit einem solch überzeugenden Liebreiz und Schmelz dargestellt, dass sich die Deutschen in Umfragen die Monarchie zurückwünschten. Der ungeliebte Stiefvater Blatzheim und die Mutter Magda Schneider (die sich mit der Tochter zusammen casten ließ) wollen von ihr eine vierte Folge, als Anreiz stellt Blatzheim ihr einen Koffer mit einer Million Mark Bargeld ins Jungmädchenzimmer. Aber Romy Schneider hat genug vom süßlichen k. u. k.-Getue, vom professionell erzeugten Bergkitsch, von flachen Dialogen. Mit einundzwanzig Jahren geht sie nach Paris, verlobt sich mit Alain Delon, trifft auf bedeutende Regisseure wie Visconti und Claude Sautet, dreht mit Jack Lemon und Helmut Berger, unter Orson Welles und Joseph Losey, holt zweimal den ›César‹, den französischen *Oscar*, wird ein Weltstar und bleibt zeitlebens ein unglückliches, verlorenes Menschenkind, immer auf der Suche nach einer Geborgenheit, die ihr niemand geben kann. Ihre Ehen und Verbindungen scheitern, das Schicksal nimmt ihr durch einen grausamen Unfall ihren Sohn David, der sich am Gitter eines spitzen Zauns aufspießt. Mit 43 stirbt sie, physisch und psychisch zu Tode erschöpft.

Doch Romy Schneider wäre ja nie zu jener Romy Schneider geworden, die wir bis heute kennen, hätte sie sich damals nicht aufgebäumt gegen die Absichten der Erwachsenen, die ihre eigenen Ziele verfolgten.

Eine ganz andere, aber dann wiederum auch ähnliche Karriere machte Coco Chanel. Sie hat ihren abenteuerlichen Lebenslauf stets geschönt, gefiltert oder verfälscht, sodass Dichtung und Wahrheit, Lüge und Mythos schwer auseinanderzuhalten sind. Unbestritten aber ist, dass sie von 1883 bis 1971 lebte, dass sie in unordentlichen Verhältnissen aufwuchs und aus den Erfahrungen ihrer Kindheit den eisernen Willen mitbrachte, von niemandem abhängig zu sein, auch nicht (oder schon gar nicht) von einem Mann. Unehelich geboren, der Vater war Straßenhändler, kam sie nach dem Tode der Mutter als Zwölfjährige mit ihrer Schwester in ein Waisenhaus. Dort lernte sie nähen.

In Coco Chanel, geboren als Gabrielle Chasnel, brannte ein Feuer. Schönheit und Energie, das Kapital, das die Natur ihr mitgegeben hatte, nutzte sie, um der Armut zu entkommen. Sie begann als Näherin, und zu diesem Zeitpunkt ahnte noch niemand, dass sie selbst später einmal viertausend Näherinnen für sich arbeiten lassen würde. Die schlanke junge Frau, die ihr Leben lang kein Fett ansetzen würde, trat als Tingeltangel-Sängerin auf und soll von dem Liedchen »Qui qua vu, Coco?« den Spitznamen verpasst bekommen haben, der sie zum Markenzeichen machte. Sie verstand sich auf Männer und sprach die bis heute gültigen Worte: »Alle Männer sind Kinder. Wenn eine Frau das verstanden hat, hat sie alles verstanden.«

Der erste Mann, den sie für ihre Ziele einsetzte, hieß Arthur Capel. Er lieh ihr das Geld, mit dem sie 1910 zunächst in einer Wohnung eigene Hüte entwarf. Diese Kreationen kamen so gut an, dass Coco Chanel bald ihr erstes Hutgeschäft in Paris eröffnete. 1914 folgten erste Modeboutiquen in Deauville und Biarritz. Von da an begann ein sagenhafter Aufstieg. Coco Chanels Beiträge zur Emanzipation (nicht nur zu ihrer eigenen, sondern auch der ihrer Geschlechtsgenossinnen) waren dabei beachtlich: Sie befreite die Frauen von den enggeschnürten Korsetts, sie erfand den Pyjama für Frauen (er war bis dato den Männern vorbehalten), sie machte die Mode bequemer und tragbarer, sie ermöglichte den Frauen damit die längst selbstverständliche Befreiung nicht nur aus textiler Enge. Sie packte ihre Lebenserfahrung und die Unbestechlichkeit ihres Blickes in viele kluge Sätze wie diesen: »Ältere Damen sollten sich hüten, ärmellose Abendkleider zu tragen. Nichts verrät das Alter grausamer als nackte Oberarme.« Außerdem erfand sie noch den Modeschmuck, entwarf »das kleine Schwarze« (1926) und kreierte das bis heute weltweit erfolgreichste Parfüm – *Chanel No. 5*. Bis in unsere Tage inspiriert sie mit ihrem Prinzip der Reduzierung die Modeschöpfer in aller Welt. Ihr Label, die beiden ineinander verschlungenen C's, ist zum Synonym für Luxus und Qualität geworden, längst werden unter ihrem Namen auch Uhren und Schmuck verkauft. Alle Starthilfen, die sie von Männern erhielt, zahlte sie zurück, sie wollte unabhängig bleiben. Zahlreiche Liebhaber hatte sie, doch keinen von ihnen nahm sie zum Mann – auch darin blieb sie unabhängig.

Coco Chanel ließ sich nichts gefallen. Was das an Energie und Kampfesmut in Zeiten erforderte, in denen Männerdominanz und Männerverbohrtheit dem Vorurteil freien Lauf ließen, ist heute kaum noch vorstellbar. Kaiser Wilhelm II. zum Beispiel verweigerte Käthe Kollwitz im Nachbarland Deutschland 1898 die Goldmedaille, die ihr nach einer Kunstausstellung in Berlin zugestanden hätte mit der lapidaren Begründung: »Orden und Ehrenzeichen gehören auf die Brust verdienter Männer.« Coco Chanel aber nebenan in Frankreich war rebellisch und eigensinnig, sie setzte sich als Frau in einer Welt durch, die von Männern bestimmt worden war, sie machte sich keinem Manne untertan, sie stieg vom Waisenhaus ins Ritz auf, wo sie auch starb, sie durfte sagen: »Ich war die Erste, die so gelebt hat, wie es dem Jahrhundert angemessen war.«

Eine andere Frau, die sich nie etwas bieten ließ und ihr eigenes Leben führte, war Peggy Guggenheim. Am Ende ihres Lebens sagte sie: »Ich habe immer getan, was ich wollte und kümmerte mich nie darum, was jemand dachte.« Ihre Startbedingungen waren allerdings ungleich komfortabler als die der Chanel, denn Peggy wurde als reiches Kind geboren. Ihr Papa hieß Benjamin Guggenheim, er war einer der reichsten Männer Amerikas. Von ihm konnte die Tochter nicht nur Geld, sondern auch Stilgefühl erben, denn Ben Guggenheim war auf der ›Titanic‹ glanzvoll untergegangen: Erst half er seiner Geliebten in ein rettendes Beiboot, dann ging er zurück zu seiner Kabine, warf sich mit seinem Butler in den maßgeschneiderten Frack und erklärte: »We've dressed up in our best and are prepared to go down like gentlemen.«

Tochter Peggy lebte kühn. Nach damaligen Maßstäben hätte man vielleicht gesagt: Sie lebte wie ein Mann – frei und unabhängig. Und sie gab nichts auf das Urteil der anderen. Sonst hätte sie nicht in jungen Jahren eine Galerie eröffnet und, wenn die Käufer ausblieben, selbst den Künstlern ihre Werke abgekauft. Gottlob handelte es sich um lauter Maler, die später berühmt wurden.

Im Übrigen ist es nicht den Frauen und auch nicht den Erwachsenen vorbehalten, sich zur Wehr zu setzen. Götz George leistete schon als kleiner Junge verbalen Widerstand, wenn Vater Heinrich George mal zu etwas energischeren Erziehungsmaßnahmen griff: »Mein Vater war von meiner

Unerschrockenheit beeindruckt, weil ich ihm als Knirps widersprach. Diese Haltung, dass ich ihm ›Du bist doof!‹ hinterherrief, nachdem er mir den Arsch versohlt hatte, das hat ihn gefreut. Nochmal Keile gab's dann aber trotzdem.«

Fliehen mit Goethe

Nicht nur in gut erfundenen Geschichten kommt es vor, dass jemand – meistens ein Mann – sich mit den Worten verabschiedet, er gehe nur mal schnell Zigaretten holen. Um dann nie mehr wieder aufzutauchen. Kein Leichnam wird gefunden, kein Abschiedsbrief, doch dann stellt sich allmählich heraus: Wichtige Papiere fehlen, die Konten sind leergeräumt, die Flucht war seit langem geplant, oft ist es eine Flucht auf immer, der stumme, abschiedslose Aufbruch in ein neues Leben.

Solch bedingungsloses Abschneiden aller Verbindungsschnüre zum vertrauten Leben, zur Familie, zu Freunden, zu Kollegen, solcher Radikalabschied hat neben allen Beschwerlichkeiten des Vorausplanens für den Scheidenden einen großen Vorteil: Er befreit sich von der Last der Auseinandersetzung und Rechtfertigung, er muss sein Verhalten nicht verteidigen, braucht keine Tränen zu ertragen, keine Szenen, muss nicht die vielleicht auch ihm nur halbbewussten Gründe seines Lebens-Wandels zu sezieren versuchen, muss sich vor allem auch nicht dem Schmerz stellen, den er Kindern, Ehepartner und Freunden bereitet.

Aber es muss ja nicht gleich um ein ganz neues Leben gehen. Es ist auch nicht die große, die dramatische Flucht, um die es hier gehen soll. Gemeint ist nicht die Flucht Schillers, es geht um die vielen kleinen Fluchten Goethes. Auf Schillers Flucht stand Strafe. Als 1782 seine *Räuber* in Mannheim uraufgeführt wurden, wollte er unbedingt dabei sein; setzte sich – das Recht auf Freizügigkeit war noch nicht erfunden – über die Weisung seines Herzogs Carl Eugen hinweg und kassierte prompt vierzehn Tage Haft. Ein Jahr später entfloh er wiederum der Stuttgarter Enge und seinem gestrengen Herzog, der ihm bei Androhung der Festungshaft das Schreiben verboten hatte. Wäre er gefasst worden, der Herzog hätte Schiller hart bestraft. Auf Goethes größte Flucht, die nach Italien *(siehe das Kapitel »Auf Reisen gehen mit Farin Urlaub«)*, stand weder Haft noch Folter, höchstens der Liebesentzug der Frau von Stein.

Fluchten mögen im Sinne der Psychoanalytiker nicht unbedingt gesund sein – für den Alltag des Normalmenschen ist das Fliehen dem Standhalten gelegentlich dennoch vorzuziehen, es ist weniger anstrengend, nervenaufreibend und hat nicht selten befreiende Wirkung. Goethe hat uns das vorgemacht, längst nicht erst bei seiner Italienreise. Schon als ganz junger Kerl entzieht er sich, wenn ihm nicht wohl ist in seiner Haut. Mit Lili Schönemann hat er sich verlobt, doch obwohl er sie liebt, ist er sich nicht sicher, dass er das Richtige macht: »Ahndung des Trugschlusses, man verschweigt sich die Zweifel, teilt sich das Günstige mit, bestärkt sich äußerlich, nachdem man innerlich schwankt.« Was tut er in einer solchen Situation? Er fährt weg oder, wie sein genialer Biograph Richard Friedenthal es formuliert: »Er flüchtet auf der Stelle in eine Reise, ein bei Goethe stets probates Mittel, sich zu entziehen.« Sein anderer Fluchtweg heißt Schlaf.

Der sogenannte Dichterfürst war ein großer Freund des Schlafes, ein Langschläfer, zehn Stunden sind sein Normalmaß (Einstein übrigens soll ihn mit zwölf Stunden darin sogar noch überflügelt haben). Goethe nannte den Schlaf hymnisch »reines Glück«, und an die Frau von Stein schrieb er in den guten Zeiten ihrer Beziehung: »Ich kenne nur zwei Götter, den Schlaf und Sie.«

In Morpheus' Armen findet er aber nicht nur Erquickung und Regeneration. Immer wieder, wenn es kritisch wird, ist das Bett seine Zuflucht, der Schlaf sein freundlicher Schutzengel – in häuslichen Krisen, in Liebesdingen, in Konfliktsituationen jeder Art.

Was der Schlaf als Trost für Goethe bedeutet, hat Martin Walser kongenial nachempfunden. Am Schluss seines Romans *Ein liebender Mann*, der die Liebe des dreiundsiebzig Jahre alten Goethe zur neunzehnjährigen Ulrike von Levetzow nachempfindet, die nicht wie nach Goethes Wunsch im Happy End einer Hochzeit mündet, sondern in der Depression der Trennung endet, beschreibt Walser die Leichtigkeit des Seins, die der Bettaufenthalt Goethe wie ein Geschenk quittiert: »Er legte sich ins Bett. Keine Gedanken mehr, gegen die er sich erfolglos hätte wehren müssen. Er spürte nur noch sich. Außer ihm nichts. Als fülle er die Welt aus. Die ganze Welt war er. Prall vor Leichtigkeit.«

Im Gegensatz zur Flucht wohnt dem Aussteigen, das in den siebziger Jahren ein deutsches Phänomen war, nichts Geheimnisvolles inne. Wie der Flucht ist dem Ausstieg aber ein längerer Prozess des Unbehagens vorausgegangen, der Unzufriedenheit mit den Lebensumständen, vor allem wohl mit dem Stress im Beruf, der Fremdbestimmtheit, der Sehnsucht nach Gemeinschaft, nach zwischenmenschlicher Solidarität, nach postmateriellen Werten, nach Sinn.

Als Beispiel für einen Aussteiger, der vor seinem Leben davonrennt und stets an entlegenem Ort sein Glück wähnt, kommt man schnell auf den französischen Maler Paul Gauguin, heute ein Weltstar der Malerei, den auch Kunstferne toll finden, zu Lebzeiten ohne rechten Erfolg, ein Streithansel und Querulant, eine verkrachte Existenz. Unzählig die Stationen seines nur vierundfünfzig Jahre währenden chaotischen Lebens. Schon mit siebzehn entdeckt er an sich »die

Marotte zu fliehen«, er wird ihr zeit seines Lebens folgen. Er fuhr zur See, er arbeitete als Börsenmakler, er heiratete und folgte seiner Frau bald nach Dänemark, wohin wiederum sie vor ihm geflohen war, er zog in ein bretonisches Dorf, nach Panama, nach Arles, wo er sich mit Vincent van Gogh zusammentat und rasch wieder überwarf. Schließlich steht ihm die Südsee als Hoffnungsziel vor Augen, da wird es besser sein, so ursprünglich, so unverfälscht, so rein. Nach langen Irrungen und Wirrungen zieht er tatsächlich nach Tahiti, aber dort herrschen nicht die paradiesischen Zustände, die er erwartet hat. Dann aber malt er sich dort die Welt zurecht. In leuchtenden Farben entwirft er ein Traumbild von glücklichen Primitiven, umgeben von Früchtesfülle und Sonnenglanz in einer heilen Südsee-Landschaft, die mit der Wirklichkeit wenig zu tun hat.

Ein etwas anderer Fall ist Gottfried Keller. Er war aber mehr ein Umsteiger, weniger ein Aussteiger oder Flüchtender. Der Kunststudent Gottfried Keller sah an der Münchener Königlichen Akademie der Künste schließlich nach ein paar Jahren einfach ein, dass sein Talent zum Maler nicht reichte. Er kehrte heim nach Zürich, lag der Mutter auf der Tasche, trank zu viel und beschloss umzusatteln. Dichter wollte er nun werden und sein Unglück schöpferisch umsetzen in »einen kleinen traurigen Roman«. Der sollte handeln vom »tragischen Abbruch einer jungen Künstlerlaufbahn, an welcher Mutter und Sohn zugrundegingen«.

Diesen Roman wird er erst sehr viel später schreiben, denn zunächst wird er wie von einem Fanfarenstoß erweckt von den Gedichten Georg Herweghs. Aus dem jungen Keller strömen die Verse jetzt nur so hinaus, »und das Herz klopfte mir wirklich, wenn ich die zornigen Verse skandierte«. Doch Herzensbegeisterung führt in der Lyrik wie der Kunst überhaupt selten zu etwas Gutem. Keller lernt allmählich, den

Strom seiner Ergießungen zu kanalisieren, nur das Gelunge-
ne auszusortieren und zu veröffentlichen – ein bedeutender
Schriftsteller findet nach einer Kehrtwende seines Lebens zu
seiner eigentlichen Berufung und schenkt der Welt bleibende
Texte wie *Kleider machen Leute, Romeo und Julia auf dem Dorfe*
oder den *Grünen Heinrich.*

Der Alltagsmensch, der weder ein begnadeter Dichter
noch Maler ist, der nicht gleich sein Heil im mönchischen
Dasein in Fernost sucht, der für seine weiße Weste keine ri-
tuellen Waschungen in Indien braucht, der auch keine Lust
hat, im Wollpullover-Kollektiv auf einer Schweizer Bergalm
ökologisch korrekten Ziegenkäse zu produzieren, sollte sich
statt des Ausstiegs oder der ganz großen Flucht vielleicht
immer mal wieder kleinere Auszeiten gönnen. Zum Beispiel
einen ganzen Monat lang Urlaub. Und in diesen dreißig Tagen ganz bewusst daheim bleiben. Um einmal all das zu tun,
was ihm sonst im engen, angestrengten Arbeitsrhythmus
entgeht. Und wer vom ganz anderen, ganz neuen, unendlich reinen und edlen Aussteiger-Dasein träumt oder auch
nur von einer großen Reise, auf der sich alles ändern soll,
dem sei ein Expertenrat empfohlen. Reisespezialist Herbert
Feuerstein hat in der *Frankfurter Rundschau* die Sache gnadenlos beim Namen genannt: »In jungen Jahren reist man ja
oft aus einem Flucht-Impuls heraus – meist eine Flucht vor
sich selber. Da macht man dann die furchtbare Entdeckung,
dass am Reiseziel derselbe furchtbare Mensch schon wieder
da ist.«

Kurzum: Die große, die dramatische Flucht hat ihre
Nachteile, lebenspraktisch wie psychologisch. Gelegentlich
zu fliehen – wovor oder vor wem auch immer – hat aber auch
entschieden seine Vorzüge. Denn man muss nicht immerfort
streng zu sich selbst sein, manchmal darf man auch sich
selbst Gnade erweisen. Und gegen die Logik des folgenden

Satzes des englischen Dichters und Satirikers Samuel Butler kann man nun wirklich nichts einwenden: »Wer flieht,
kann später wohl noch siegen! Ein toter Mann bleibt ewig
liegen.«

Willenskraft trainieren mit Cäsar und Thatcher

Niemand hat ihn je gesehen, gehört, gerochen oder abgetastet, doch jeder hat ihn schon verspürt: Der Wille ist der Muskel unserer Seele. Wie jeder Muskel wird er umso stärker, je öfter wir ihn trainieren. Der Wille gewinnt ganze Schlachten – auf dem Felde besiegt er den Feind, in uns selbst den inneren Schweinehund. Der Wille macht das Unmögliche möglich, er versetzt Berge. Ja, die Willenskraft ist vielleicht das Größte am Menschen. Denn wer nur ein einziges Mal die Kraft seines Willens für sich arbeiten ließ, der darf aus dieser Anstrengung weitere Zuversicht beziehen, der darf sich sagen: Ich habe mich damals trotz meiner Faulheit überwunden und drei Monate täglich zwölf Stunden lang fürs Examen gepaukt, also werde ich es doch schaffen, mir das Rauchen abzugewöhnen. Oder dieser tollen Frau treu zu bleiben. Oder Japanisch zu lernen.

Oder neun Stunden lang um sein Leben zu schwimmen. Wie Siegfried Unseld es 1944 als Marinefunker auf der Krim getan hatte. Der spätere Chef des Suhrkamp Verlags hatte die Wahl, entweder von den Russen gefasst zu werden oder auf gut Glück hinauszuschwimmen und auf See auf ein deutsches Boot zu hoffen, das ihn aufnehmen könnte: »Um neun Uhr abends sind wir dann zu dritt rausgeschwommen. Schon nach wenigen Minuten wurde der eine von einem Artilleriegeschoss getötet. Der andere hat bis in die Morgenstunden ausgehalten – dann ist er vor meinen Augen ertrunken. Nach neun Stunden wurde ich aufgefischt.«

Ist irgendeine menschliche Höchstleistung ohne Willenskraft möglich? Gibt es von A bis Z, von Alexander dem Großen bis zur Zarin Katharina, auch nur irgendeine historische Persönlichkeit, die Großes geleistet hätte ohne Willensstärke? Ist es ohne die Kraft des Willens denkbar, das Erzählwerk Fontanes, die Filme Alfred Hitchcocks oder die Gedankengebäude Nietzsches und Kants zu errichten? Nein, wer etwas leisten will, kommt ohne Willensstärke nicht aus. Schon gar nicht, wenn er oder sie es gegen Widerstand schaffen müssen.

Womit wir bei den Herrschern sind, den historischen wie den zeitgenössischen Potentaten. Den Kaisern von einst fiel die Macht meist in den Schoß. Sie wurden, was sie waren, durch Geburt. Doch fast jeder (und jede) von ihnen hatte sich im Laufe seines Regentschaft zu wehren – gegen Feinde von außen oder Gegner von innen. Und der erste, von dem alle Kaiser und Zaren ihren Titel erbten, Gaius Julius Cäsar, der hatte eine Menge Siegeswillen und Widerstandskraft aufzubringen, ehe ihm der Lorbeerkranz aufgesetzt wurde. Wer war dieser Cäsar?

Der junge Mann aus angesehenem, aber mittellosem Elternhaus vereinte in sich alle Eigenschaften, die ein Machtmensch dringend braucht: Intelligenz, Mut, Rücksichtslosigkeit, diplomatisches Geschick, Grausamkeit, Härte gegen sich selbst und andere, vor allem aber den unbändigen Willen, alles einer einzigen Maxime unterzuordnen. Cäsars Lebensziel hieß uneingeschränkte Macht. Auf Gesetze und Recht konnte einer wie er keine Rücksicht nehmen, er war erst am Ziel seines Lebens angelangt, als er zum *dictator perpetuus* ausgerufen wurde, zum Diktator auf Lebenszeit.

Bis dahin hatte er eine unglaubliche Zahl von Schlachten geschlagen (bei denen er oft in der vordersten Reihe kämpfte), hatte die Iberer, die Helvetier, die Belgier und Gallier besiegt, hatte Aufstände niedergerungen, sich schließlich in einem Bürgerkrieg durchgesetzt, die eigenen Truppen immer wieder motiviert, bestraft, belohnt. Wie alle Machthaber auch heute noch, wusste Cäsar, dass er seine Führungsrolle von niemandem in Frage stellen lassen durfte.

Vercingetorix hieß einer seiner klügsten und willensstärksten Feinde. Monatelang lieferte ihm der Avernerkönig mit den vereinten Galliern eine erbitterte Schlacht, bis er den Fehler machte, sich mit 80 000 Mann nach Alesia zurückzuziehen. Cäsar belagerte die Stadt, ließ Wälle um sie herumbauen, er setzte auf die Macht des Hungers. Tatsächlich musste Vercingetorix nach einem letzten Aufbäumen aufgeben. Cäsar ließ ihn in Ketten legen und in den Kerker werfen. Dort holte er ihn nach Jahren heraus, aber nur, um den Gedemütigten im Triumphzug durch Rom vorzuführen, danach wurde er hingerichtet.

Dass auch Cäsars Leben ein blutiges Ende nahm, ist bekannt. Überragende Willensstärke ist eben nicht mit Klugheit gleichzusetzen – der absolute Herrscher war den anderen Machthabern einfach zu stark geworden, sodass Brutus sein Messer zückte. Der mächtigste Mann seiner Zeit wurde feige von hinten erstochen.

Längst vor seinem Tode hatte Cäsar einem anderen, dem die Geschichte den Beinamen »der Große« gab, seine Reverenz erwiesen: Der zweiunddreißig Jahre alte Römer stieß in Spanien auf eine Statue Alexander des Großen, der genau mit zweiunddreißig gestorben war, und fühlte sich klein neben diesem Vorbild. Cäsar hatte in diesem Lebensalter durchaus schon einiges erreicht, er war immerhin Pontifex, Militärtribun und Quästor gewesen, aber natürlich hatte er recht: Wer Großes will, darf sein Mütchen nicht an Kleinigkeiten kühlen.

Dass Alexander seinen Ehrennamen »der Große« tatsächlich verdiente, spricht ihm auch heute kaum jemand ab. Der Mazedonier, der nach dem Tode seines Vaters sich als Jüngling früh der Verantwortung stellte, war ebenso wie Cäsar charismatisch und skrupellos, und genau wie Cäsar stahl er sich nicht aus der Verantwortung, sondern kämpfte ganz vorne mit. Zweiundzwanzig ist er, als er den Perserkönig Dareios III. bei Issos schlägt, mit vierundzwanzig gründet er Alexandria, die spätere Weltruhmstadt. In seinem kurzen Leben erobert er Palästina und Ägypten, Samarkand und das heutige Afghanistan. Als er mit zweiunddreißig – wahrscheinlich am Fieber – stirbt, hinterlässt er ein Riesenreich, das freilich bald in Diadochenkämpfen zerfällt.

Es fällt ein bisschen schwer, die ganz Großen der Weltgeschichte – es fehlt jetzt nur noch Napoleon, auch er in seiner egomanischen Willenseruption sehr vergleichbar mit Cäsar und Alexander – jetzt mit Margaret Thatcher und Heinrich Schliemann in einem Atemzug zu nennen. Doch an Willenskraft waren der Archäologe und die Premierministerin sicherlich den beiden Herren ebenbürtig. Der Entdecker Trojas schrieb einst an seinen Sohn Sergej, der damals in der Schule schlechte Leistungen zeigte, einen dringlichen Brief. Pädagogisch war er ausgesprochen wertlos, aber aufschlussreich, was den Charakter des Schreibers angeht: »In Amsterdam habe ich geleistet, was niemals jemand vorher vollbrachte noch in Zukunft vollbringen wird. Du solltest versuchen, Deinem Vater zu folgen, der stets bewies, was ein Mann allein durch eiserne Energie erreichen kann.« Was aber war es so Übermenschliches, das Heinrich Schliemann in Amsterdam vollbrachte? Er arbeitete tagsüber in einem Kontor – Full time, würde man heute sagen. Aber abends und nachts zeigte er, was an Energie sonst noch in ihm steckte: Er lernte ein paar Sprachen, nämlich Niederländisch, Englisch, Französisch, Spanisch, Italienisch, Portugiesisch und

Russisch. Und brauchte »nicht mehr als sechs Wochen, um jede dieser Sprachen fließend sprechen und schreiben zu können«.

Mit ähnlichen Glanzleistungen konnte Margaret Thatcher zunächst noch nicht aufwarten. Ihre Startbedingungen waren eher schlecht. Genau wie Cäsar hatte die Tochter eines Krämers kein Geld, finanzielle Unabhängigkeit erwarb sie sich erst durch die Heirat mit dem etwas bizarren Denis Thatcher. Noch 1973 hatte sie in einem BBC-Interview gesagt, sie glaube nicht, dass zu ihren Lebzeiten eine Frau Premierministerin werden könne. Und dann schaffte sie das selbst. Und blieb es von 1979 bis 1990. Sie zeigte dabei unglaubliche Nerver-Qualitäten. Sie nervte im Kampf um die deutsche Einheit Helmut Kohl, sie nervte die EU mit ihrem störrischen »I want my money back«, sie nervte vor allem die britischen Bergarbeiter, deren ein Jahr lang währenden Streikwillen sie brach.

Aber nicht nur in der Politik biss man sich an der Eisernen Lady die Zähne aus. Auch Helmut Newton fand in ihr seine Meisterin. Er durfte sie für ›Vanity Fair‹ fotografieren, es war nach Thatchers Rücktritt, die Lady hätte also weniger eisern zu sein brauchen. Newton wollte sie draußen am Swimmingpool dieses kalifornischen Hotels fotografieren, in der Hoffnung, dass der Wind ihre Betonfrisur vielleicht ein wenig in Unordnung bringen, sie also etwas menschlicher erscheinen lassen könnte, doch Thatcher wehrte ab: »No, it's very nice inside this room.« Auch bei seinem nächsten Anliegen drängte sie dem Starfotografen ihren Willen auf. Newton erinnert sich: »Ich sagte: ›Ach, Madam, kreuzen Sie bitte doch mal Ihre Beine.‹ Die waren nämlich nicht schlecht. Ihre Antwort war: ›No, this is absolutely not necessary.‹«

Bemerkenswert. Aber das alles ist für uns jetzt nicht das Interessanteste, denn Margaret Thatchers Willensstärke zeigte noch eine ganz andere Komponente, von der wir etwas lernen können: Sie machte sich permanent unbeliebt, sie brachte die Stärke auf, nicht geliebt werden zu wollen. Und das ist etwas sehr Seltenes.

Denn bitte überprüfen Sie sich selbst: Verpacken Sie Botschaften gegenüber Ihren Mitarbeitern nicht gern in entschuldigender Form? Weichen Sie nicht manchem Konflikt mit Kollegen und Untergebenen aus, um nicht als »eiskalt« zu gelten? Sehen Sie: Das war Maggy Thatcher vollkommen gleichgültig, sie wollte nicht jedermanns Darling sein, sie konnte damit leben, für viele ein rotes Tuch abzugeben, sie wurde nicht nervös, wenn sie kritisiert wurde. Bitte merken Sie sich das!

Oder richten Sie noch kurz Ihren Blick auf Napoleon Bonaparte. Auch der kam - wie Frau Thatcher und Cäsar - nicht mit einem goldenen Löffel im Mund auf die Welt. Überdies war er klein - ein Umstand, der bis heute viele Männer zu Höchstleistungen anstachelt. Nichts, aber auch gar nichts deutete darauf hin, dass aus diesem Sohn eines korsischen Anwalts einer der Großen dieser Welt werden würde. Sein ganzes Leben aber wurde eine gigantische Willensanstrengung, er eroberte halb Europa, er prägte mit dem Code Napoleon das Rechtssystem seines Landes bis heute, er war, um es mit Heinrich Heine zu sagen, nicht von dem Holz, woraus man Könige macht, »er war von jenem Marmor, woraus man Götter macht«. Doch wie er jenseits solcher Überhöhung wirklich war, das wird vielleicht am deutlichsten an seinem Ende.

Napoleon war nach der Schlacht von Leipzig ein erledigter Fall gewesen. Er dankte ab, zog sich nach Elba zurück. Jeder andere wäre fertig gewesen mit der Welt, deprimiert, am Boden zerstört. Nicht aber Napoleon. Eben jetzt, in dieser verzweiflungsschwangeren Situation, bäumte sein Wille sich zu einer letzten übermenschlichen Anstrengung auf: Er ging nach Frankreich zurück, sammelte abermals Truppen um sich und focht seinen letzten Kampf. Den er bei Waterloo verlor.

Was bedeutet dies alles jetzt für Sie? Klar, Sie werden und wollen nie ein Napoleon, Cäsar, Alexander und schon gar keine Maggy Thatcher werden. Aber ein Scheibchen abschneiden von denen dürfen Sie sich durchaus. Beispielsweise Folgendes.

Erstens: Auch Ihr Wille kann so groß werden wie der von Dominus Cäsar oder Monsieur Bonaparte.

Zweitens: Ihr Wille ist heute vielleicht noch klein. Aber wenn Sie ihn trainieren, wird er eines Tages hart wie eine Stahlfeder.

Drittens: Allein aufgrund Ihres Willens können Sie sich das Rauchen abgewöhnen, Sie können durch Willenskraft zehn Tage hungern oder lebenslang auf Alkohol verzichten. Ihr Wille kann alles, er macht Sie unglaublich stark.

Viertens: Ihr Wille ist stärker als Ihre Eitelkeit: Sie müssen nicht geliebt werden. Ihr Wille setzt sich über alles hinweg.

Fünftens: Ihr Wille ist sogar so stark, dass er Ihnen einen Ausrutscher verzeiht. Willenskraft bedeutet auch: immer wieder anfangen.

Auf Reisen gehen mit
Farin Urlaub

Reisen bildet. Doch Gottfried Benn blieb mal wieder konsequent pessimistisch. Reisen, meinte der Dichter, bringe einen auch nicht richtig weiter: Zürich sei keine tiefere Stadt, aus Kuba komme auch kein Heil. Benn entschied sich – »ach, vergeblich das Fahren« – fürs Daheimbleiben und das stille Bewahren des sich umgrenzenden Ichs.

Klar, Zürich ist wirklich keine »tiefere Stadt«. Havanna macht in der Dekadenz des Post-Castro-Jahrs 2008 sehr wahrscheinlich noch weniger her als zu Gottfried Benns Zeiten. Und natürlich kommen einem der Eiffelturm und Piccadilly im wirklichen Leben kleiner vor als im Fernsehen. Aber dass Reisen immer nur trostlos sein müsste – das wäre dann doch eine allzu gewagte Behauptung. Aber »Urlaub« ist etwas anderes als »Reisen«. Wer Urlaub macht, will Erholung. Wer reist, sucht im Wechsel des Orts letztlich die innere Veränderung. So wie Hape Kerkeling und Johann Wolfgang von Goethe.

Der nicht zu unterschätzende Fernsehkomiker Kerkeling schreibt ein Buch, das im Mai 2006 sehr schnell zu einem der überraschendsten Bestseller der Nachkriegszeit wird. *Ich bin dann mal weg* heißt dieser Reisebericht, und was ihn zu einem solchen Wahnsinnserfolg macht, dürfte der Mix sein aus Heiter- und Ernsthaftigkeit, eine mit Sinn fürs Groteske unterlegte Sinnsuche. Kerkeling hatte die achthundert Kilometer auf dem Jakobsweg schon im Sommer 2001 nach einem Hörsturz zurückgelegt, da war er siebenunddreißig Jahre alt.

Genauso alt ist Goethe, als er seinen Herzog um eine Auszeit bittet. Goethe fühlt sich eingeengt am kleinen Weimarer Hof, er hat über den Staatsgeschäften das Dichten vernachlässigt, er will nicht zuletzt dem engen Netz entkommen, das die Frau von Stein ihm übergeworfen hat. Nachts um drei bricht er auf, damit niemand etwas mitbekommt. Es ist eine gut vorbereitete Flucht. Charlotte von Stein wird ihm nie verzeihen, dass er ihr vorher nichts verraten hat.

Aber Goethe muss heraus aus den beengten Verhältnissen, er will anders leben, will sich – nicht zum letzten Mal in den fast dreiundachtzig Jahren seines Lebens – häuten. Und so sind denn diese zwei Jahre seines Italien-Aufenthaltes nicht so sehr eine Erkundung von Sehenswürdigkeiten, sondern so etwas wie eine üppige, pralle Erneuerung. Er hat in Italien gelebt und geliebt, ist viel umhergewandert, hat die Sonne genossen, die Landschaft. Er studiert die Antike, er studiert die Frauen, er lebt in einer Art Wohngemeinschaft in Rom unter deutschen Malern, auch er selbst zeichnet viel, er wird es auf fast 1000 Blätter bringen. Er lässt alles auf sich wirken: Es ist eine große und lange Phase des Atemholens. Goethe inhaliert Italien, später wird er seine Eindrücke schöpferisch verarbeiten.

Der Mann aus Weimar hat keinen Führer in Italien, er streift umher, Rom ist zu dieser Zeit eine Stadt von 160 000 Einwohnern (Weimar bringt es nur auf 5000), das Leben spielt sich weitgehend auf der Straße ab, es ist ein amüsierbereites, freundliches Leben. Goethe nimmt das alles in sich auf, er begreift sich als ein großes Gefäß, das gefüllt sein will mit Farben, Formen und Gerüchen, mit den Idealen der Antike und den Wonnen der erotischen Außergewöhnlichkeit. Dies alles verändert ihn: »Mit dem neuen Leben, das einem nachdenkenden Menschen die Betrachtung eines neuen Landes gewährt, ist nichts zu vergleichen. Ob ich gleich noch immer derselbe bin, so mein' ich, bis aufs innerste Knochenmark verändert zu sein.«

Aufgebrochen ist der deutsche Dichter übrigens mit wenig Gepäck, einem Ranzen und einem Mantelsack. Ähnliches empfiehlt auch heute, gut zweihundert Jahre später, der in Bulgarien geborene, in Kenia aufgewachsene, Deutsch schreibende Schriftsteller und Weltbürger Ilja Trojanow, der auf die Frage, was man als Reisender auf keinen Fall mitnehmen soll, antwortet: »Gepäck. Freunde. Urteile. Man sollte sich nackt machen, damit was passiert.«

Und wie Goethe verlässt sich Trojanow nicht auf Führer, sondern auf den eigenen Instinkt: »Ich fange meine Erkundungen immer damit an, dass ich einfach herumlaufe. Ohne Stadtkarten. Karten sind ein Graus. Wenn man die neuen Eindrücke erst einmal verwirrend findet – gut so. Ein wichtiger Grund zu reisen ist, verwirrt zu werden.« Bringt er denn wenigstens Souvenirs heim? Nein: »Souvenirs sind Trostpreise anstelle von wirklichen Erlebnissen.«

Die Erinnerung an einige solcher Erlebnisse graben sich tief ein. Farin Urlaub, der Sänger der Rockband ›Die Ärzte‹, hat mehrere von ihnen parat. Nur nebenbei: In Wirklichkeit heißt der Mann Jan Vetter, aber weil er so gern verreist, hat er das Pseudonym angenommen, das wie »Fahr in Urlaub« klingt. Kurzum, dem Reisenden Farin Urlaub ist mal im Himalaya über Nacht der Diesel im Tank eingefroren. Die Einheimischen kamen ihm zu Hilfe, wollten am Ende keinen Dank, noch nicht einmal ein bisschen Tee: »Das ist so dermaßen rührend, dass man sich schon fragt, warum gibt es das in unserer wohlhabenden Welt nicht häufiger?«

Farin Urlaub – er ist das halbe Jahr auf Reisen und hat schon hundert Länder gesehen – teilt dieses Fernweh übrigens mit zwei anderen Show-Größen, Harald Schmidt und Udo Lindenberg. Schmidt, der immer mal wieder gern auf

Kreuzfahrt geht oder für Neuseeland den dreiundzwanzig Stunden langen Direktflug erträgt (»Das ist im Grunde auch nicht länger als Köln – Gran Canaria mit Koffer weg«), hat für sich festgestellt: »Am liebsten würde ich sowieso im Hotel leben, auch hier in Deutschland. Man muss sich um nichts kümmern, und wenn einen das Hotel nervt, geht man ins nächste.«

So hält es Udo Lindenberg schon seit vielen Jahren. Lindenberg ist zwar auch ein begeisterter Reisender und kann behaupten: »War schon rund um die Welt: Inkas, Mayas, von Kirwall bis Cork, Genua bis Acapulco, Costa Rica bis zu den Inseln von Captain Cook. Im Sommer mal durch den Suez, im Herbst Richtung Jakarta.« Zwar drückt er sich vor keinem Landausflug: »Voll in die Wildnis rein. Auf Abenteuer«, aber zugleich beweist er doch eine seltsame Sesshaftigkeit, er bewohnt seit ewigen Zeiten im Hamburger Hotel Atlantic eine Suite. Einer Laune entspringt das nicht, Lindenberg war zuvor schon je fünf Jahre im Berliner und im Hamburger Interconti Dauergast. Das waren wilde, alkoholschwangere Jahre, immer wieder Party, bis der Arzt kam: »Jeden Morgen«, erinnert sich Udo in der ›Süddeutschen Zeitung‹, »hatte jemand ein neues Muster auf die Tapete gekotzt.« Aber warum genau zieht der Mann mit dem Hut ein Leben im Hotel herkömmlicheren Wohnformen vor? »Es gibt Leute, die sollen sich besser auf das konzentrieren, was sie am besten können«, nölt er. »Und ich kann Musik machen und malen und Shows machen, und deswegen soll ich mit anderen Sachen auch nicht meine Zeit vertrödeln. Mit nem Haus – und dann regnet es wieder durch, dann bricht der Balkon wieder ab und der ganze Scheiß. Das brauche ich alles nicht.«

Ein anderer großer Dauergast (heute: »Longstayer«) war der Schriftsteller Vladimir Nabokov, der mit seiner Gattin Véra im Hotel Palace in Montreux am Genfer See ein paar Zimmer gebucht hatte. Sechzehn Jahre lang. Warum? Das luxuriöse Hotel erinnerte ihn an die Jahre seiner Kindheit, die er in unglaublichem Reichtum in Sankt Petersburg verbracht hatte. Nebenbei genoss der Gast die Sonnenuntergänge, die er vom Balkon aus beobachtete, und er schätzte die alpinen Wiesen der Schweiz mit ihren nur dort vorkommenden Faltern – Nabokov war Experte für Schmetterlinge.

Nichts von der Lässigkeit der Nabokovs, Lindenbergs und der heutigen Pauschalreisenden hatte einer der bedeutenden Berufsreisenden: Christoph Kolumbus. Er gilt bis heute – obwohl andere längst vor ihm da waren – als der Entdecker Amerikas. Zwar war er auf der Suche nach Indien, doch als er am 12. Oktober 1492 auf den Karibischen Inseln landete, die dem amerikanischen Kontinent vorgelagert sind, da glaubte er, Hinterindien entdeckt zu haben – und blieb bis zu seinem Tode bei dieser Überzeugung. Kolumbus' Leistung aber lag weniger in seinen nautischen Qualitäten. Sondern in seiner Leidenschaft, in dem Eifer, mit dem er Latein lernte und sich physikalische und meteorologische Kenntnisse aneignete, in dem Charme und der Beredsamkeit, mit dem er Könige davon überzeugte, er werde ihnen die Schätze Ostasiens zu Füßen legen, und schließlich in dem Mut, auf einem Ozean ins Unbekannte zu segeln. Kolumbus war kein Bildungsreisender, kein Urlauber, er war ein Besessener, der sich nach Ruhm verzehrte und, wie zweifelhaft auch immer, ihn errang.

Entdeckungsreisen ganz anderer Art verdanken wir heute dem Internet. Da gibt es zum Beispiel einen fröhlichen Herrn, der sich »Major Grubert« nennt und unter *www.major-grubert.com* beschreibt, was er als Tourist und Mann erlebt und Männern empfiehlt. Seine Reiseziele heißen Bangkok, Pattaya und Phuket, aber auch Brasilien, Kuba, Vietnam oder

Kenia. Seine Reportagen aus diesen Gegenden der Erregung sind nach eigenen Angaben »ungeschminkt, unzensiert und hautnah beschrieben zum Nacherleben«. Texte und Bilder verharren dabei nie in grauer Theorie, sondern verheißen »Geld sparen durch Wissensvorsprung«, etwa wenn Major Grubert einem Anfänger Thailand erklärt: »Die Mädels kosten circa 500 bis 1500 Baht (circa 10 bis 30 €) für die ganze Nacht, je nachdem, wo Du sie aufreißt. Die Freelancer an der Beachroad sind am billigsten, dann kommen die Beerbar-Mädels, und die Gogohühner sind am teuersten (aber nicht unbedingt besser, im Gegenteil).«

Und wie verhält man sich jetzt an der Hotel-Rezeption, wenn man mit einem der »Mädels« aufs Zimmer geht? Selbstbewusst auftreten, empfiehlt Major Grubert. Außer in Pattaya. Da ist das nicht nötig: »In Pattaya schauen sie dämlich, wenn du allein aufs Zimmer gehst.« Sehen Sie, es stimmt also doch: Reisen bildet.

Loben lernen mit Dale Carnegie

Das Leben Dale Carnegies sah lange nach einem Misserfolg aus. 1888 in Missouri als Sohn eines armen Farmers unter dem Namen Carnegey geboren – der Sohn ändert später die Schreibweise in Carnegie –, weiß er lange nicht, was er aus seinem Dasein machen soll. Erst will er Lehrer werden, dann besucht er eine Schauspielschule. Er schreibt einen Roman, der nie gedruckt wird, und ein Buch über Abraham Lincoln, das keiner lesen will. Schließlich verkauft er als Vertreter in New York mit mittelmäßigem Erfolg so unterschiedliche Dinge wie Seife, Speck und Lastwagen. Spaß macht ihm dieses Leben nicht: »Jeden Abend kehrte ich mit entsetzlichen Kopfschmerzen in mein einsames Zimmer zurück – ein Kopfweh, das durch Enttäuschung, Ärger, Bitterkeit und Empörung genährt wurde.« Er nahm sich ein Zimmer im Wohnheim des Christlichen Vereins junger Männer (YMCA) in der 125. Straße. Keine gute Gegend.

Aber Dale Carnegie hat ein Talent – er kann reden. Und er kann anderen beibringen, was so vielen schwerfällt: sich vor andere hinstellen und frei sprechen. Im Jahr 1912 überzeugt er den Manager des Wohnheims des Christlichen Vereins junger Männer, ihm einen Raum zur Verfügung zu stellen. Hier beginnt er mit seinen Rhetorik-Abendkursen. Die jungen Angestellten, die auf preiswerte Weise etwas für ihr Fortkommen tun wollen, hören ihm gebannt zu. Er lässt die jungen Männer zum Beispiel über die Frage reden »Was mich wütend macht«, dann sprudelt es aus ihnen heraus. Aber

Carnegies Kurse sind schnell mehr als nur Rhetorikunterricht. Der dreiundzwanzig Jahre alte junge Mann predigt eine schlichte Weisheit: dass jeder seines Glückes Schmied ist und jeder es zu Erfolg bringen kann, auch wenn er von ganz unten kommt. Die jungen Männer, die sich hocharbeiten wollen, hören das gern. Carnegie spürt, dass er auf eine Marktlücke gestoßen ist, auf eine Geldquelle.

Er selbst ist das beste Beispiel für die Verwirklichung des amerikanischen Traums vom Aufstieg: Der verhinderte Lehrer, Romanautor und Schauspieler, der arme Bauernsohn, der um vier Uhr früh aufgestanden war, um die Kühe zu melken, er wird zu einem außerordentlich erfolgreichen Motivationstrainer und Bestsellerautor. 1913 veröffentlicht er sein erstes Buch über öffentliches Reden und die Beeinflussung anderer Menschen im Geschäftsleben. 1914 verdient er mit seinen Kursen pro Woche 500 Dollar, was dem Wert eines Tin Lizzy von Ford entspricht, dem ersten Fließbandauto. Wieder zwei Jahre später ist er so populär, dass er die New Yorker Carnegie Hall mit seinen Vorträgen füllen kann. (Die Halle ist nach dem Stahl-Tycoon und Mäzen Andrew Carnegie benannt, mit dem Dale Carnegie nicht verwandt ist. Das muss ja nicht jeder wissen, aber jeder soll es glauben.)

Der junge Mann aus Missouri jedenfalls wird schnell reich, verliert aber sein ganzes Geld beim Börsen-Crash von 1929. Doch er predigt nicht nur Optimismus und Selbstvertrauen, er richtet sich auch nach seinen eigenen Maximen, macht weiter mit seinen Kursen und veröffentlicht 1936 seinen Granaten-Bestseller *How to win friends and influence people*, deutsch: *Wie man Freunde gewinnt*. Das Buch trifft auf gewaltige Resonanz. Gleich im ersten Jahr des Erscheinens müssen siebzehn Auflagen gedruckt werden. Und es ist bis heute ein Dauerbrenner geblieben. Weitere Bestseller kommen hinzu, etwa das ebenfalls noch immer populäre Werk *Sorge dich nicht, lebe!* Dale Carnegies Gesamtauflage wird auf fünfzig Millionen Exemplare geschätzt. Zum Vergleich: Der weltweit populäre Krimiautor Henning Mankell bringt es auf dreißig Millionen.

Wie man Freunde gewinnt ist ein hanebüchenes Buch. Der Begriff des »Freundes« ist von sprichwörtlich amerikanischer Oberflächlichkeit, die tiefere Bedeutung von Freundschaft als einem dauerhaften Akt größten Vertrauens, als »dem edelsten Band zwischen Menschen« (Herder) ist dem Autor verborgen geblieben. Überdies ist Dale Carnegies Auffassung von Humanität schlicht funktional, er begreift Beziehungen zwischen Menschen als eine Art Geschäft: Ich bin nett zu dir, damit du nett zu mir bist – von christlicher Wertvorstellung oder nur humaner Motivation keine Spur *(siehe im Kontrast dazu das Kapitel über Mutter Teresa)*. Dies sollte man berücksichtigen, wenn man *Wie man Freunde gewinnt* zur Hand nimmt oder jungen Menschen zur Lektüre empfiehlt.

Was man ohne weiteres tun kann, denn Dale Carnegies Buch ist auch ein grandioses Stück Lebenshilfe. Natürlich strotzt es vor Platituden, natürlich gibt Carnegie größtenteils Binsenweisheiten von sich. Aber erstens tun dies andere Ratgeber von Machiavelli bis Horst-Eberhard Richter und Werner Tiki Küstenmacher auch, und zweitens ist die Erkenntnis, dass Chefs und Eltern ihre Mitarbeiter und Kinder loben sollen, eine Binsenweisheit. Aber halten sich die Chefs, die Väter und Mütter daran? Sehen Sie.

Und deshalb schadet es gar nicht, dann und wann auf solche Allerweltserkenntnisse aufmerksam gemacht zu werden. Da und dort finden sich in diesem Welterfolgsbuch sogar einfach-geniale Sätze wie dieser: »Vorwürfe machen kann jeder Trottel. Versuchen Sie, den anderen zu verstehen.« Oder der hier: »Im Umgang mit Menschen dürfen wir nie vergessen, dass wir es nicht mit logischen Wesen zu tun haben, sondern mit Wesen voller Gefühle.«

Weshalb wir jetzt mal kurz einen Dale-Carnegie-Crashkurs besuchen. Dauert nicht lange, tut nicht weh, und hier kommt gleich die erste Lektion: Halten Sie sich mit Kritik zurück! Oder, wie der Meister selbst es sagt: »Kritisieren, verurteilen und klagen Sie nicht.«

Überhaupt nicht? Das dürfte verdammt schwer werden. Aber vielleicht haben Sie ja Lust, es einmal auszuprobieren? Wie wäre es mit dem Versuch, einen ganzen Tag lang niemanden zu kritisieren? Nicht den Partner, nicht die Kinder, die Kollegen nicht und nicht die Mitarbeiter. Und schon gar nicht die Politesse und den unfreundlichen Kellner. Dale Carnegie hat auch ein Vorbild parat, an dem Sie sich orientieren können, nämlich seinen Landsmann Benjamin Franklin. Der hat nicht nur den Blitzableiter erfunden, sondern war auch sonst ein kluger Junge: »Ich sage über niemanden etwas Schlechtes und über jeden alles Gute, das ich über ihn weiß.«

Oder aber Sie rufen sich ins Gedächtnis, wie Sie sich nach der schärfsten Kritik, die je an Ihnen geübt wurde, gefühlt haben. Sie erinnern sich nicht mehr daran? O doch. Niemand vergisst eine Kritik, die richtig weh getan hat. Und weh tut sie vor allem dann, wenn keine konkrete Tat oder eine bestimmte Leistung bemängelt werden, sondern wenn sich das negative Urteil gegen die ganze Person richtet: »Du bist halt ein schlechter Sänger«, »Du kannst eben nicht schreiben«, »Aus dir wird nie eine gute Ingenieurin«, »Gott, bist du dick«. Will man sich also einen lebenslangen Feind machen, so wendet man sich mit einem solchen grundlegenden Qualitätszweifel an eine Person aus den besonders eitlen Berufsgruppen der Schauspieler, Journalisten, Sänger, Maler, Tänzer, Regisseure, der Künstler jeder Art. Sie alle werden zu denen zählen, die sich über Ihre Todesanzeige von Herzen freuen.

Die zweite Lektion lautet: Sparen Sie niemals mit Anerkennung! Die dazu passende Binsenweisheit von Mr. Carnegie: Jeder Mensch giert danach, bedeutend zu sein. Seltsamerweise wissen die meisten Menschen dies zwar, geizen aber mit ebendieser Anerkennung. Benjamin Franklins Rat, das Positive, das man über einen anderen denkt, auch auszusprechen, weist uns darauf hin, dass wir alle dies seltsamerweise oft nicht tun. Erstaunlich genug. Aber irgendetwas hindert uns manchmal daran. Sollten Sie sich das nächste Mal dabei ertappen, dann überwinden Sie sich. Es ist ganz einfach: Sie kleiden Ihre Gedanken in Worte und sprechen sie aus. Oder Sie versuchen es notfalls mit Gesten. Auch ein hochgereckter Daumen kann ein schönes Lob bedeuten.

Carnegie, der dauernd irgendwelche bedeutenden Menschen zitiert, hat auch für die Kraft des Lobs den passenden Spruch, er stammt von einem erfolgreichen Manager namens Charles Schwab, der sicherlich weiß, wovon er spricht: »Durch Anerkennung und Aufmunterung kann man in einem Menschen die besten Kräfte mobilisieren.« Carnegie ist freilich menschenklug genug, um sich an dieser Stelle von plumper Schmeichelei abzusetzen. Die sei, findet er, letztlich immer kontraproduktiv. Doch dann macht er einen Fehler. Er schreibt: »Sogar Queen Victoria war für Schmeicheleien empfänglich.«

Was heißt hier »sogar«? Wieso sollte eine Frau, die vierundsechzig Jahre Königin von England und fünfundzwanzig Jahre Kaiserin von Indien war und eine der mächtigsten Frauengestalten aller Zeiten, warum sollte eine Frau, nach der später ein ganzes Zeitalter benannt werden sollte, nicht für Schmeicheleien zugänglich, nicht scharf auf Anerkennung gewesen sein? Jeder Mensch braucht solche Bestätigung. Die Mächtigen und Berühmten vielleicht sogar noch mehr als die Normalmenschen, denn ihre ganze Persönlichkeitsstruktur ist auf Geltung aus, sonst wären sie wahrscheinlich gar nicht so mächtig oder bedeutend geworden. Aus demselben Grund umgeben sich doch die Kanzler und Präsidenten, Milliardäre und Oscar-Gewinner in ihren Büros mit den Fotos, die sie an der Seite anderer Berühmtheiten zeigen, Sänger dübeln ihre Goldenen Schallplatten an die Wände, bis die Raufaser stöhnt. Wer das zum Kopfschütteln findet, mag zwar gut entwickelte Instinkte für Peinlichkeiten haben – im Wissen über die menschliche Natur spielt er nur in der Kreisliga. Stopp! Das war jetzt zu kritisch. Sagen wir es anders: Sein Wissen um die menschliche Natur zeigt enorm gute Ansätze.

Aber weiter im Carnegie-Text. Haben Sie schon einmal einen Abend mit Menschen verbracht, die Ihnen keine einzige Frage stellten? Haben Sie schon mal mit jemandem zu Mittag gegessen, den Sie nach seinem Leben und Wirken interviewten? Dessen Gesprächsanteil bei etwa vierundneunzig Prozent lag, der von Ihnen absolut nichts erfahren wollte und beim Abschied sagte: »Das war jetzt aber ein interessantes Gespräch!« Oder waren Sie jemals mit einem Mann zusammen, der den ganzen Abend nur über sich sprach und schließlich merkte: »Jetzt haben wir die ganze Zeit nur über mich gesprochen, reden wir mal über Sie! Sagen Sie doch mal, wie finden Sie mich eigentlich?«

Dann wissen Sie ja schon, warum Dale Carnegie seine nächste Lektion mit den Worten überschrieb: »Wer sich für andere interessiert, ist überall willkommen.«

Es wäre natürlich schön, wenn Sie solches Interesse nicht nur vorspiegelten, es nicht nur funktional einsetzen würden, um Ihrem Gegenüber eine Doppelhaushälfte zu verkaufen oder ihn dazu zu bewegen, Ihnen bei der Landtagswahl seine Stimme zu schenken. Aber das wissen Sie ja inzwischen. Und längst haben Sie sich klargemacht, dass das geschriebene Wort noch ein bisschen schwerer wiegt als das gesprochene.

Deshalb haben Sie es sich angewöhnt, zu Geburtstagen nicht per E-Mail oder Telefon zu gratulieren, sondern per Brief. Und zwar handschriftlich, sofern Ihre Schrift einigermaßen leserlich ist. Andernfalls schreiben Sie die Anrede und den Schlussgruß mit Tinte und den Rest mit dem Computer. Sie verfassen natürlich auch zu Jubiläen, Todesfällen, Beförderungen, zu Bundesverdienstkreuzen und Ehrungen anderer Art ein paar Zeilen und formulieren sie so, dass der Adressat noch Jahre später dieses Schriftstück gern hervorholt. Überhaupt fragen Sie sich nach jedem Brief, ehe Sie ihn zur Post geben, ob er dem Adressaten gute Laune macht.

Prima. Wir machen rasche Fortschritte, sodass wir im Dale-Carnegie-Crashkurs nur noch wenige weitere kleine Lektionen brauchen. Die Regel Nummer vier heißt: »Sprechen Sie zuerst von Ihren eigenen Fehlern.« Leider sind die Beispiele, die Carnegie in seinem Buch aufführt, ziemlich uninspiriert. Aber das ändert nichts am Wahrheitsgehalt seines Rates. Wer kritisiert (was er ja ohnehin nur sehr, sehr selten tun sollte, wie wir wissen), weckt in seinem Gegenüber mehr Akzeptanz, wenn er sich selbst zuvor etwas kleiner macht. Faulen Söhnen, Nichten oder Enkeln braucht man mit frommen Mahnungen erst gar nicht zu kommen. Aber wer zugibt, selbst als Schüler lange stinkfaul gewesen zu sein, aber auch beschreibt, wie schön es war, als endlich der Knoten platzte, der mag einen winzigen Vorsprung im Kampf um die Besserung des Delinquenten haben.

Die fünfte Carnegie-Erkenntnis lautet: Der Köder muss dem Fisch schmecken. Ist natürlich abermals ein klarer Fall von Erkenntnisplumpheit. Aber warum wird dann so oft dagegen verstoßen? Warum verfassen Firmen Imagebroschüren voller Selbstlob, statt den Lesern klarzumachen, was sie für sie tun könnten? Wieso redet der Verkäufer von seinen Vorlieben, wenn er doch eigentlich auf die Wünsche seines Kunden eingehen sollte? Auch komplexe Vorgänge lassen sich aus Carnegies Sicht auf sehr schlichte Grundregeln reduzieren, von denen eben eine lautet: Mich interessiert, was *ich* wünsche. Auf die Wünsche anderer gehe ich ein, wenn deutlich wird, dass ich davon einen Vorteil habe. Und dann zitiert Dale Carnegie einen jener Briefe, die alles falsch machen, weil sie sich nicht in die Lage des Adressaten versetzen:

»Sehr geehrte Herren,
der Betrieb unserer Speditionsabteilung leidet darunter, dass ein wesentlicher Teil der zum Transport bestimmten Güter jeweils erst am späten Nachmittag in unseren Besitz gelangt.«

Aber jetzt werden sich die sehr geehrten Herren fragen, was es sie angeht, wenn die Speditionsabteilung unter irgendetwas leidet. Was hat das mit ihnen zu tun? Der neue Brieftext, den Dale Carnegie entworfen hat, zielt dagegen auf die Interessen des Adressaten. Zunächst macht er gut Wetter, sagt, dass die Firma seit vierzehn Jahren zu den besten Kunden zählt. Und dann versetzt er sich in die Lage der anderen und fragt sich, woran sie Interesse haben könnten. Natürlich am schnellen Vertrieb ihrer Güter. Also zielt er in seiner Formulierung des neuen Schreibens auf die Interessen der anderen Seite:

»Sofern es Ihnen möglich wäre, die Versandposten Ihrer Firma bereits am Vormittag bei uns anzuliefern, würden Ihre Wagen unverzüglich abgeladen und Ihre Güter gleichentags befördert werden.«

Die Regel aber, die hinter diesem Brief und den vielen anderen Beispielen lauert, ist immer dieselbe: Der Wurm muss dem Fisch schmecken, nicht dem Angler. Vielleicht denken Sie jetzt einmal kurz über Ihre letzten drei Misserfolge nach und fragen sich, ob sie vermeidbar gewesen wären, wenn Sie diese supereinfache Maxime beachtet hätten.

Die sechste Carnegie-Weisheit, die Sie sich einprägen dürfen, ist abermals an Schlichtheit (wie Richtigkeit) kaum zu überbieten. Sie heißt: Lächeln Sie!

Sie alle kennen das von sich selbst und von anderen. An einem Ihrer schlechteren Tage betreten Sie morgens die Bäckerei, ringen sich ein griesgrämiges »Morgen!« ab und verziehen keine Miene in Ihrem Schlechtwettergesicht. Niemand grüßt zurück, die Verkäuferin schenkt Ihnen keinen Blick. An einem Ihrer besseren Tage betreten Sie fröhlich und schwungvoll denselben Laden, sagen vernehmbar und freundlich »Guten Morgen!« und lächeln. Alle Menschen im Geschäft grüßen zurück, die Verkäuferin strahlt Sie an.

So ein Lächeln, sofern es nicht aufgesetzt ist, kann wirklich Wunder wirken. Und wer sich nur schwer dazu durchringen kann, seinen Mitmenschen lächelnd gegenüberzutreten, mag sich mit dieser gesicherten Erkenntnis trösten: Ein natürliches Lächeln macht jeden Menschen schöner. Oder, wie Dale Carnegie es ausdrückt: »Ein Lächeln ist eine Botschaft des guten Willens. Ein Lächeln verschönt jedem, der es sieht, den Tag.« Es sei hinzugefügt: Viele Menschen wissen oft gar nicht, wie sie aussehen, wenn sie ihr Alltagsgesicht tragen. Würde man sie dabei filmen und ihnen das Ergebnis vorspielen, bekämen sie einen Schrecken.

Während es relativ leicht ist, sich einen freundlicheren Gesichtsausdruck zu verpassen, ist Carnegies siebte Regel ziemlich schwer zu befolgen. Sie gipfelt in der Aufforderung, sich ein gutes Gedächtnis zuzulegen. Das ist natürlich etwas heftig, denn bei einigen Menschen ist die Hirnregion, die fürs Abspeichern und Reaktivieren von Titeln, Vor- und Familiennamen zuständig sein muss, bestens durchblutet. Bei anderen ist sie leider verödet. Ob sich das, wie Carnegie in seinem *Readers's-Digest*-Optimismus behauptet, wirklich trainieren und verbessern lässt, sei dahingestellt – darum bemühen jedenfalls sollte sich jeder, denn fast nichts anderes kann einem solche Anerkennung einbringen wie ein gutes Namensgedächtnis. Der frühere hessische Ministerpräsident Walter Wallmann war ein solches Gedächtnisgenie. Er sprach nicht nur jeden Präsidenten eines Rudervereins konsequent mit »Herr Präsident« an, sondern er konnte sich über Jahre hinweg auch noch dessen Namen merken, sodass der »liebe Herr Präsident Schwarz« bis ins Uferlose entzückt war angesichts der Zuwendung und Aufmerksamkeit, die ein Wichtiger ihm zuteilwerden ließ.

Schon Machiavelli wusste, dass der Mensch nichts lieber hört als Lob und seinen Namen. Und Carnegie weiß: »Wer den Namen eines anderen behält und ihn immer wieder ausspricht, macht dem Betreffenden ein diskretes, aber sehr wirkungsvolles Kompliment.« Das mit dem Immer-wieder-Aussprechen sollte allerdings in vernünftigen Dosen geschehen. Wer wie ein schlechter Versicherungsvertreter dauernd den Namen seines Gesprächspartners wiederholt, stößt bei etwas sensibleren Naturen eher auf Abwehr oder Befremden.

Falls Sie aber ein hoffnungsloser Gedächtnisschwächling sind – einen Fehler sollten Sie auf keinen Fall machen: Sagen Sie niemals zu jemandem: »Tut mir leid, mir fällt Ihr Name gerade nicht ein.« Und unternehmen Sie um Himmels willen keinen Versuch, den Namen von Herrn Schwarzberger irgendwie bruchstückhaft zu rekapitulieren: »Ich weiß noch genau, am Ende was mit dorf und am Anfang was mit Weiß – Herr Weißdorf?« Es ist definitiv besser, jemanden nicht mit Namen anzusprechen als mit einem falschen.

Denn wer den Namen verballhornt, der erinnert sich auch nicht mehr an den Menschen, der dahintersteckt. Sagen Sie also lieber vorerst nichts. Aber versuchen Sie, so schnell es geht, flüsternd von jemand anderem den Namen in Erfahrung zu bringen. Beim nächsten Mal aber beachten

Sie Dale Carnegies strenge Ermahnung: »Die meisten Leute, die behaupten, sie hätten ein schlechtes Namensgedächtnis, nehmen sich ganz einfach weder Zeit noch Mühe, richtig hinzuhören, wenn ihnen jemand vorgestellt wird, den Namen zu wiederholen und ihn sich einzuprägen. Sie entschuldigen sich dann damit, sie hätten anderes zu tun. Aber es ist kaum anzunehmen, dass sie mehr zu tun haben als Franklin D. Roosevelt, der immer noch Zeit fand, sich sogar die Namen der Handwerker einzuprägen, mit denen er in Berührung kam.«

Okay, Sie haben Ihre Lektion gelernt. Sie wissen jetzt, wie beliebt Sie sich mit Namensgedächtnis und wie unbeliebt Sie sich ohne machen können. Deshalb beschließen wir dieses Kapitelchen mit dem unvergleichlichen Enthusiasmus Dale Carnegies, der irgendwie enervierend ist, aber dennoch von umwerfender Lebenswahrheit bleibt: »Wir sollten nie vergessen, dass ein Name etwas Wunderbares ist und ausschließlich jenem Menschen gehört, mit dem wir gerade zu tun haben – sonst niemandem. Sein Name zeichnet ihn aus, macht ihn einmalig.«

Und dann folgt noch – hier zum letzten Mal – eines dieser manchmal etwas absurden Beispiele, mit denen Carnegie seine Thesen unterstützt. Er erzählt von einem gewissen Sid Levy, der einen Kunden zu besuchen hatte, der auf den Namen Nicodemus Papadoulos hörte. Die meisten Menschen nannten ihn der Einfachheit halber Nick.

Aber Sid Levy übte vor dem Treffen diesen Namen und sagte dann: »Guten Tag, Mr. Nicodemus Papadoulos.« Die Wirkung war frappierend: »Es kam mir vor, als dauerte es Minuten, bis er schließlich, mit Tränen in den Augen, erklärte: ›Mr. Levy, ich lebe nun seit fünfzehn Jahren in diesem Land, und bis auf den heutigen Tag hat sich noch nie jemand die Mühe gemacht, mich bei meinem richtigen Namen zu nennen.«

Ziemliches Glück für Herrn Sid Levy, dass er nur auf einen Nicodemus Papadoulos traf und keinen Termin mit der thailändischen Goldmedaillengewinnerin von Peking im Gewichtheben der Frauen hatte. Die hätte er nämlich bei einem etwas komplizierteren Namen ansprechen müssen: »Guten Tag, Miss Prapawadee Jaroenrattanatarakoon.«

Schnorren mit Richard Wagner

Haben Sie schon einmal darüber nachgedacht, welche Richtung Sie Ihrem Leben geben würden im Falle eines wirklich dicken Lottogewinns? Wir reden hier aber nicht von einem Fünfer mit Zusatzzahl, sondern von einem enormen Gewinn, Sechser mit Superzahl und Riesenjackpot, sagen wir: 17 Millionen Euro. Sie wissen ja, dass man schon mit rund vier Millionen Euro aufhören kann zu arbeiten, weil man dann ganz bequem von den Zinsen lebt.

Die Frage nach den neuen Chancen, die so viel Geld eröffnet, ist die Frage nach Ihrer kompletten Existenz. Ihre wichtigste Antwort ist die auf die Frage, ob Sie weiter arbeiten würden, ob Sie genau dem Job, den Sie seit Jahren machen, auch in Zukunft nachgehen wollen. Und wenn Ihre Antwort lauten sollte: »Ja, den mache ich weiter, ich kaufe mir lediglich ein größeres Haus und ein schnelleres Auto, ich schenke meinen Kindern eine Ausbildungsversicherung und meiner lieben Frau einen Brillantring, aber sonst soll mein Leben in den gewohnten Bahnen verlaufen« – dann sind Sie ein glücklicher Mensch.

Bei allen anderen wird das anders sein. Alle anderen werden sich von der neuen Freiheit, die ihnen plötzlich nicht nur ein bis zwei Lebenswege eröffnet, sondern zehn bis zwanzig, ein wenig überfordert fühlen. Das plötzliche Vorhandensein von Geld eröffnet zwischen Las Vegas und Bayreuth, zwischen der Suite im Waldorf Astoria und der Loge in der Scala ungeahnte Möglichkeiten der Erfahrungsbereicherung.

Geldmangel dagegen schränkt die Dimensionen des Daseins auf Enge, Gereiztheit und Verdruss ein. Vor allem begrenzt die Abwesenheit von Geld die Protestfähigkeit. Weshalb der geniale Regisseur Billy Wilder auch empfahl, jedermann solle »Fuck-you-money« auf der hohen Kante haben: Nur mit der entsprechenden Barschaft ist man nämlich in der Lage, dem Chef die Sachen hinzuschmeißen.

Gut. Dieser Rat trifft auf Normalos wie Sie und mich zu. Für Genies gelten andere Regeln und Gesetze.

Den exzentrischen Schauspieler Klaus Kinski und den romantischen Dichter Ludwig Tieck zum Beispiel verband eine Eigenschaft: Beide konnten nicht mit Geld umgehen. Was sie gemeinsam haben mit so unterschiedlichen Naturen wie Richard Wagner, Rolf Zacher oder Rainer Maria Rilke. Und mit schätzungsweise dreißig Prozent der Deutschen, die sich Autos, Einbauküchen oder Penthousewohnungen leisten, die sie sich nicht leisten können. Ihnen kommt das bekannt vor? Bitte sehr. Vielleicht nehmen Sie jetzt hier etwas mit für Ihr Leben.

Zum Beispiel können Sie die erste Lektion von einem Genie wie Richard Wagner lernen. Sie lautet: »Sorge dich nicht, mache Schulden!«

Nach dieser Devise nämlich lebte er. Wolf Schneider hat ihn den »tückischsten Schnorrer der Kulturgeschichte« genannt, der den schwärmerischen Bayernkönig Ludwig II. erbarmungslos ausnahm. Zuvor aber war er sein halbes Leben lang auf der Flucht vor Gläubigern gewesen – von Königsberg nach Riga, von dort nach London. Während Sie und ich aber wahrscheinlich bei der Überfahrt vor Furcht vor den Verfolgern gezittert hätten, ließ sich das Genie auf dem Schiff von den Geräuschen des unruhigen Meers zum Leitmotiv seines *Fliegenden Holländers* inspirieren.

Und noch etwas anderes unterscheidet Richard Wagner

von uns Normalexistenzen. Er empfand Menschen, die ihm Geld liehen, ihn förderten, ihm Gutes taten, als selbstverständlich. Womit wir bei Lektion Nummer zwei wären: »Du bist klasse. Wer dir etwas schenkt, tut nur seine Pflicht.«

So sah es wohl auch Rainer Maria Rilke. Der begnadete Dichter konnte sich nie von den Tantiemen seiner literarischen Arbeit ernähren, er war angewiesen auf eine Rente seiner Mutter oder auf Geldgeschenke von Verehrern, die der weltfremde Literat ohne erkennbares Unbehagen entgegennahm. Für ihn spricht freilich, dass er von diesen Zuwendungen anderer, noch ärmeren Zeitgenossen etwas abgab. Vielleicht war es auch einfach nur so, dass Rilke für so äußerliche Phänomene wie Geld das Gleiche empfand wie sein Dichtervorfahr Ludwig Tieck. Aus dessen Verhalten destillieren wir Lektion Numero drei: »Geld ist kein Thema.«

Indem wir nämlich ignorieren, was andere belastet, indem wir mit einem Schulterzucken einen wortlosen Kommentar überall das abgeben, was andere zum erregten Schnattern veranlasst, schaffen wir ein Problem einfach aus der Welt. Tieck benahm sich so, als wäre Geld kein Problem, er ignorierte dessen Bedeutung. Konkret bedeutete das, er lebte über seine Verhältnisse, er pumpte sich etwas von allen, die ihm über den Weg liefen, er verkaufte ungeschriebene Manuskripte gleich an mehrere Verleger. Er bezog im Wirtshaus mit seiner Entourage auch gern mehrere Zimmer, er speiste und trank aufs Beste, hielt sich Domestiken – zahlte keinen Cent und kam am Ende immer damit durch, halb sympathischer Bonvivant, halb asozialer Zechpreller. Was ihn übrigens mit Robert Musil verbindet, der sich noch Diener hielt, als er sie sich im Exil längst nicht mehr leisten konnte.

Womit wir schon bei der vierten Lektion wären, der des verschärften Kampfes um Knete: »Sei skrupellos!« Diese Lektion lernen Sie vielleicht am besten vom Schauspieler

Rolf Zacher. In seinen Zeiten als Rauschgiftsüchtiger musste er täglich an Geld für seine Drogen kommen: »Ich brauchte Stoff für 300 Mark am Tag, und das neun Jahre lang.« Stolz und Scham sind abgemeldet, wenn, wie Zacher im Interview mit dem ›Stern‹ sagt, »die Suchtglocken in deinem Körper bimmeln«. Seine Skrupellosigkeit verbindet er mit Einfallsreichtum: »Ich guckte in der Lokalzeitung nach, in welchen Hotels die Promis wohnten, die ich kannte. Bei denen bin ich dann um einen Schein vorstellig geworden.«

In eine kaum weniger schlimme Abhängigkeit begibt sich der Spielsüchtige. Fjodor Michailowitsch Dostojewski hat sie nicht nur eindrucksvoll beschrieben – er selbst war von dieser Sucht besessen. Von 1862 bis 1865 bereiste er Europa und verspielte an den Roulettetischen von Wiesbaden, Baden-Baden und Bad Homburg hohe Summen. Als er zwei Jahre später vor seinen Gläubigern aus Russland wieder nach Europa floh, ergab er sich abermals dem Spiel; trotz hoher Gewinne erhob er sich meist erst vom Tisch, wenn alles fort war. Und wenn das Geld nicht reichte, setzte er stundenlang auch kleine Summen, etwa vom Verkauf eines Kleides seiner Frau. Während Sie und ich am Ende solcher Glücksspielradikalität wahrscheinlich nur noch ein Häufchen Elend gewesen wären, machte Dostojewski etwas Produktives daraus: In nur sechsundzwanzig Tagen diktierte er seinen Roman *Der Spieler* herunter, der die Zeiten überdauert hat.

Nicht jeder, der sich solcher Sucht ergab oder bei einer Glückssträhne mit dem Gelde um sich warf, war so produktiv. Womit wir zu unserer fünften Lektion kommen: »Achtung, Geld kann abhängig machen!«

Wie bei Klaus Kinski. Der Mann war ein Schauspieler-Genie und ist mit seinen Rollen in Werner-Herzog-Filmen wie *Fitzcarraldo* oder *Aguirre – der Zorn Gottes* bis heute unvergessen, aber er hat sich auch in finanzielle Abhängigkeiten begeben, die ihn in B-Streifen wie *Mein Name ist Karate-Jack* auftreten oder den unsäglichen Wallace-Verfilmungen der sechziger Jahre den verdächtigen Hausangestellten geben ließ. Sein Kumpel Ingo Insterburg erinnert sich: »Mit Geld konnte Kinski nicht umgehen, bei den Edgar-Wallace-Filmen ließ er sich immer einen üppigen Vorschuss auszahlen, den er dann auf den Kopf haute. Deshalb musste er einen Film nach dem anderen drehen. Er hat sich gerne große Autos bestellt. Einen Rover oder einen Zwölfzylinder-Jaguar.«

Und wo wir gerade beim Jaguar sind: Der Sänger Abi Ofarim, der mit seiner Frau Esther in den sechziger Jahren in Deutschland unfassbar populär war, hat auf dem Höhepunkt von Ruhm und Kontostand mal eben einen Jaguar verschenkt. Weil der eine Panne hatte.

Woraus sich jetzt die Lektion sechs herleiten lässt: »Auch wenn es Geld regnet – bleibe auf dem Teppich.«

Die wirklich großen Vermögen sind nicht in Jaguars und Porsches gesteckt worden, sie sind aus einer jahrzehntelangen, manchmal über Jahrhunderte währenden generationsübergreifenden Kontinuität der Sparsamkeit entstanden. Oder sie sind der einfachen Philosophie eines Frankfurter Immobilienspezialisten gefolgt, der einmal die goldenen Worte sprach: »Reich geworden bin ich nicht durchs Ausgeben, sondern durchs Behalten.« Man kann es auch anders ausdrücken: »Das Geld, das du ausgibst, bringt keine Zinsen.«

So absurd es klingen mag – gerade die wirklich Reichen erzählen keine Geschichten aus Tausendundeiner Yacht, sie haben sich oft über Generationen hartnäckig in Bescheidenheit geübt. Der Schweizer Bankier Hans-J. Bär vom Bankhaus Julius Bär etwa durfte, wie er der *NZZ* sagte, als junger Mann nie mit seinem Auto in die väterliche Bank fahren: »Zugegeben, dieses Autoverbot war natürlich auch irgendwie komisch, die Angestellten konnten sich ja vorstellen, dass ich ein Auto hatte. Aber es kam nicht in Frage, dass der junge Bär sein Auto vor der Bank parkiert.« Folgerichtig zitiert er die Maxime seiner Familie mit den goldenen Worten: »Alles untertreiben war immer unsere Devise«, sieht aber einen Unterschied darin, ob man in einer Generationenfolge immer wieder vom ererbten Geld lebt (das macht bescheidener) oder ob man ein Selfmademan in der ersten Generation ist: »Wenn einer sein Geld selbst verdient hat, kann ich mir schon vorstellen, dass er es gern zeigt und damit sagt: Schaut mich an, ich hab's geschafft.«

Aber darin liegt sicherlich die größte Herausforderung für alle Menschen, die jung sind und plötzlich zu Geld kommen. Vor allem Fußballspieler der Bundesliga, die sich von heute auf morgen einer Kultur der Geldverschwendung ausgesetzt sehen, in der es ungeheuer wichtig ist, was für eine Uhr man trägt oder welches Auto man fährt. Es wäre gut, würden die Vereine diesen jungen Männern ein paar Trainingseinheiten im Geldausgeben spendieren.

Dort könnten dann zum Beispiel als Dozenten Otto von Habsburg oder der schwedische Ikea-Gründer Ingvar Kamprad auftreten. Der Sohn des Kaisers Karl I. und Kronprinz von Österreich-Ungarn gibt für sein Überleben noch nicht einmal sein letztes Hemd hin: »Als ich vor ein paar Jahren nach einem Autounfall blutüberströmt aufwachte, hörte ich den Arzt sagen, man solle mir das Hemd aufschneiden. Meine ersten Worte waren: ›Um Gottes willen, nicht, das Hemd ist neu!‹ Man hat dann netterweise nur die Knöpfe abgeschnitten.«

Ingvar Kamprad aber ist sicherlich noch viel reicher als Otto von Habsburg. Doch er arbeitet trotz seines Alters jenseits der achtzig noch immer, besucht seine schwedischen Filialen mit öffentlichen Verkehrsmitteln, fährt einen gebrauchten Volvo und kauft sein Obst nachmittags, wenn es günstiger ist (*siehe auch das Kapitel »Reich werden mit den Aldis«*).

Gut, ein Milliardär, der in einem uralten Volvo durch die Gegend fährt – das hat schon etwas Unnatürliches und Ungesundes. Aber wer noch zögert, sich für die Anstrengungen des Reichwerdens zu rüsten, wer noch überlegt, ob nicht auch ein bescheidenes Leben ohne Villen, Yachten und Haute Couture einen glücklich machen kann, der oder die sollten nicht vergessen, welche enorm tröstende Wirkung Geld entfalten kann.

Einer, der das wissen muss, ist der Volksmusikbarde Heino. Immerfort blickt man auf ihn herab, immerzu findet nur das Prekariat ihn toll, selten hegte eine Zeitung von Rang Sympathien für ihn. Doch Heino weiß, was wirklich tröstet: »Wenn irgendwo ein Verriss steht, frage ich bei der Bank nach meinem Kontostand. Das bringt die Seele wieder ins Lot.«

Auf dem Teppich bleiben mit Günther Jauch

Zu Geld und zu Ruhm zu kommen und dennoch auf dem Teppich zu bleiben, nicht abzuheben, nicht durchzudrehen, nicht mit Konsumorgien (Elton John, Victoria Beckham), Depressionen (Robbie Williams), Herrschaftsgebaren (Cäsar, Helmut Kohl), Abgehobenheit (Sabine Christiansen), unnatürliches Lächeln (Nina Ruge), Verhaltensauffälligkeiten (Prinzessin Diana) oder Sprechzwang (Karl Lagerfeld, Dieter Bohlen) zu reagieren – das ist das Schwierigste.

Und deshalb: Es sei hier ganz ausdrücklich Nachsicht geäußert für alle Daniel Küblböcks dieser Welt, die sich als Stichflammenberühmtheit von einem Tag auf den anderen Hunderter Anfragen von Journalisten und Tausender von Autogrammjägern erwehren müssen. Bei denen die Fan-Post buchstäblich in Waschkörben hereingeschleppt werden muss und die Sammlung von eingesandten Stofftieren mühelos die Neueröffnung einer Toys-"R"-Us-Filiale ermöglichen könnte.

Aber auch Sportstars müssen sich an den Ruhm und seine Auswirkungen erst gewöhnen. Dirk Nowitzki aus Würzburg zum Beispiel spielt seit vielen Jahren außerordentlich erfolgreich Basketball in Amerika. Als erster Europäer wurde er 2007 zum »wertvollsten Spieler der Saison« gewählt. Und »wertvoll« gilt auch im buchstäblichen Sinne: Sein Vertrag bei den Dallas Mavericks in Texas wurde im Jahr 2006 gleich bis zur Saison 2010/11 verlängert. Dieser Vertrag sichert ihm sechzehn Millionen Dollar. Pro Jahr.

Nowitzki (»ich bin bodenständig und willensstark«) ist für einen so reichen und berühmten jungen Mann erstaunlich normal geblieben. Üblicherweise besteht seine Alltagskleidung aus T-Shirt, Trainingshose und Turnschuhen. Erst als der amerikanische Basketball-Verband NBA ein paar Regeln für das Erscheinungsbild der Spieler in der Öffentlichkeit aufstellte, kaufte er sich seine ersten Anzüge und brachte sich einen Krawattenknoten bei. Nowitzki, der offen zugibt, für den Lebensstil vieler seiner Basketballkollegen sei er einfach zu geizig, gönnt sich einen etwas größeren Geländewagen und ein Auto für seine Angehörigen, die ihn aus Deutschland besuchen, während die anderen Spieler sechs oder sieben Autos besitzen und jeden Tag mit einem anderen vorfahren. Weil er den Rummel um seine Person nicht mag, geht er auch nicht mehr in den Supermarkt, wie er der *NZZ am Sonntag* erklärte: »Weil es tagsüber in den Läden einen Auflauf gab, wenn ich jeweils auftauchte, ging ich eine Zeitlang erst nach den Spielen einkaufen, nachts um halb zwölf oder noch später. Aber da waren dann all die Leute da, die Gestelle auffüllten, und die haben sich noch mehr gefreut. Solcher Rummel ist nicht meine Sache.«

Leichter haben es da zweifelsfrei die Promis, deren Karriere langsam beginnt und sich dann sehr allmählich und kontinuierlich nach oben entwickelt. So wie bei Günther Jauch. Fast jeder kennt ihn. Er zählt zu den wenigen ganz Großen im deutschen Fernsehgeschäft. Seine Einschaltquoten sind hoch, für die Werbung ist er attraktiv. Sein Erfolg ist so dauerhaft wie der von Thomas Gottschalk. Er ist reich. Er bewohnt in Potsdam eine Villa. Er könnte sich einen Ferrari leisten, Anzüge von Brioni und rahmengenähte Schuhe von Ludwig Reiter aus Wien. Aber er ist auf dem Teppich geblieben. Wie macht er das?

Zunächst muss man ihn loben für die Verteidigung des

Privaten. Günther Jauch zählt zu den wenigen deutschen A-Klasse-Promis, die es geschafft haben (auch darin ist er Gottschalk ähnlich), ihr Privatleben abzuschirmen. Ein Anwalt wacht darüber, dass seine vier Kinder nicht in bunten Magazinen auftauchen, sie sind keine Personen der Zeitgeschichte. Dann und wann gibt es Fotos von ihm mit seiner Frau. Aber die hat noch nie ein Interview gegeben. Und Homestorys aus seiner Potsdamer Villa hat auch noch kein Leser von *Bunte* oder *Gala* zu Gesicht bekommen. Es gibt nämlich gar kein Gesetz, das Prominenten vorschreiben würde, Fotografen und Reporter in ihr Haus zu lassen. Oder ihre Kinder ablichten zu lassen. Das denkt man nur immer. Weil man die Söhne von Barbara und Boris Becker (und das Töchterchen von Boris), praktisch hat heranwachsen sehen.

Aber beschäftigt der vielfache Millionär Jauch denn wenigstens einen Maßschneider, fährt er einen Lamborghini? Fliegt er im eigenen Leer Jet von Berlin nach Köln und zurück? Ankert seine Yacht im Hafen von Monaco?

Fehlanzeige. Dass Jauch sich anzieht wie ein unterdurchschnittlich verdienender Vertriebsmanager aus der EDV-Branche, sieht jeder Zuschauer. Von Yachten und Privatjets ist auch nichts bekannt, und was die Autos angeht, so dürfen wir sicherlich den Angaben des *manager magazin* trauen: »In der Garage stehen weder Porsche noch Jaguar, sondern die Familienkutsche und drei Oldtimer mit sentimentalem Wert: ein VW-Käfer, der so alt ist wie Jauch selbst, ein R4 und ein Citroën 2CV.«

Jauch trinkt nicht, raucht nicht, gibt sich nicht als Kenner teurer Bordeaux oder Havannas aus, er protzt nicht mit teuren Uhren oder Manschettenknöpfen. Und ein harter Arbeiter ist er auch noch, mit einem Drehpensum, das andere bald in den Burn-out drängen würde. Den Teleprompter benutzt er nicht, er schreibt seine Texte stichwortartig auf Kärtchen. Er ist damit in seiner Branche eine Ausnahme, aber er braucht die Intensität, die auf dem Bildschirm erst dann entsteht, wenn die Zuschauer merken: Der denkt ja beim Reden. Wie er seine vier Töchter erzieht, wissen wir nicht, er spricht wenig darüber. Aber man darf annehmen, dass er Fernseh- und anderen Konsum in so vernünftige Bahnen zu lenken versucht, wie es bei solchem Wohlstand überhaupt möglich ist.

Eine solche Lebensführung ist schon deshalb eine Leistung von beträchtlichem Ausmaß, als eine Unmenge von Geld jedes Leben ändert. Was noch jeder Lottogroßgewinner am eigenen Leibe verspürt hat. Vor allem Lothar Kuzydlowski, besser bekannt als »Lotto-Lothar«, der ›Bild‹ fast täglich eine Geschichte wert war. 1994 hatte der Sozialhilfeempfänger aus Hannover den Jackpot geknackt, und bald darauf baumelten an seinem Goldkettchen die Buchstaben LLL. Für Lotto, Lothar, Lamborghini. Er leistete sich schöne Frauen und dicke Autos und ließ stolz darüber berichten. Seine Ehe ging in die Brüche, das Geld war auch schnell verjubelt, und im Alter von nur dreiundfünfzig Jahren starb er an einem Magendurchbruch. Sein früher Tod verbindet ihn mit Walter Knoblauch. Er war 1956 der allererste deutsche Lottogewinner. Die damalige Höchstsumme – 500 000 Mark – verprasste er in Paris, wo denn sonst.

Im Übrigen ist das Phänomen des Ausflippens bei plötzlichem Reichtum ja nicht neu. Schon Börne hat Jean Paul verteidigt, den Emporkömmling, dem vorgeworfen worden war, in neureicher Attitüde aus goldenen Bechern zu trinken: »Wenn große Reichtümer durch viele Geschlechter herab erben, dann führt die Gewohnheit zur Mäßigkeit des Genusses. Der Arme aber, den das Glück überrascht, dem es die nackten Wände zauberschnell mit hohen Pfeilerspiegeln bedeckt, dem der Gott des Weins plötzlich die leeren Fässer füllt – der taumelt von Gemach zu Gemach, der berauscht sich im Becher der Freude, teilt unbesonnen mit vollen Händen aus, weil: er ist geblendet.«

Lassen wir also Gnade walten mit allen Lotto-Überwältigten, mit allen Neureichen, mit allen, die keine Zeit hatten, sich in Generationen einen etwas verfeinerten Umgang mit dem Überfluss anzugewöhnen. Ziehen wir aber den Hut vor allen Promis, die nicht so stark abgehoben haben, dass sie Putzfrauen nicht mehr grüßen. Oder die wie Mario Basler zu einem nervigen Fan sagen: »Ich bin Weltstar. Du bist ein Nichts.« Oder die sich – igitt – ungern mit den Chauffeuren unterhalten, die sie zum Dreh kutschieren. Herbert Feuerstein im Interview-Magazin ›Galore‹: »Wenn man zum Produktionsort gefahren wird und der Fahrer unaufhaltsam auf einen einredet, muss man natürlich auch ein paar Wörter beitragen, sonst gilt man als arroganter Arsch.« Das verstößt natürlich beinahe gegen die Menschenrechte, aber gibt es dagegen kein Rezept? Aber klar doch, weiß Feuerstein: »Es gibt Kollegen, die ehrlicher sind als ich und vertraglich festlegen: Der Fahrer darf nicht sprechen. Wenn Sie zwei bis drei Stunden mit jemandem fahren, und der erzählt Ihnen Dinge, die Sie nicht interessieren, werden Sie wahnsinnig.«

Na, da ist einem der Kurt Krömer aus Berlin-Neukölln doch ein ganz klein bisschen sympathischer. Der Komiker und Arbeitersohn ist noch nicht so abgehoben und findet es ebenfalls in ›Galore‹ großkotzig, »auf Leute unter mir einzuschlagen«: Er bedankt sich auch, wenn er im Treppenhaus auf die Putzfrau trifft, »weil ich selber damals saubergemacht habe und sich niemand bedankte. Ich habe Zeitungen verkauft. Wenn mir heute einer eine Zeitung verkaufen will, gebe ich ihm den dreifachen Wert und gut ist.«

Gut so, Krömer, vor dir und den Nowitzkis und Jauchs und allen jenen, die es schaffen, nicht durchzudrehen, wenn der Blick aufs etwas höher verzinste Tagesgeldkonto eine deutlich siebenstellige Summe anzeigt und die auch als Reiche oder B-Prominente noch den Fahrern zuhören und die Putzfrauen grüßen, lüpfen wir ein bisschen den Hut.

Jeder aber, der sich überprüfen möchte, ob er auch bei etwas prallerer Brieftasche noch ein Humano bleibt, der soll halt Lotto spielen und möglichst hoch gewinnen, dann wird er schon merken, ob er sich verändert. Vielleicht versucht er es ja nach der Methode des Pudels Bodo aus Rheinhessen. Dessen Frauchen merkte sich beim Gassigehen die Nummer der Häuser, an denen der Hund sein Bein hob. Sechs Richtige. Immerhin knapp eine Million Euro!

Faulheit überwinden mit
Thomas Mann

Kinder, das waren noch Zeiten. Da hat man sich noch geschämt, weil man faul war. Da schlug man sich noch an die Brust, sogar öffentlich. Zum Beispiel, weil man zu träge war, fremde Sprachen zu erlernen. »Mein Englisch«, Französisch und Italienisch«, stöhnte Thomas Mann, »ist schlechthin kümmerlich. Meine Trägheit in Hinsicht auf fremde Sprachen war immer unüberwindlich, und wenn ich höre, dass André Gide Englisch gelernt hat, nur um Joseph Conrad im Original zu lesen, so kennt meine Bewunderung und Beschämung keine Grenzen.«

Tja. Und heute? Ist es im Prinzip genauso, nur leiser. Die Selbstanklage geschieht weniger öffentlich als einst, sie richtet sich still nach innen. »Warum«, fragt sich der Mann von heute und blickt beim Rasieren trauerfeierernst in den Spiegel, »warum schließe ich eigentlich ein Jahresabo für den Fitness-Club im Wert von 950 Euro ab, um nach sechs Wochen schlappzumachen?« Ähnliche Fragen könnten seinem Diätdurchhaltevermögen gelten, seinen Vorsätzen für ewige Treue und Nikotinabstinenz. Warum nur ist es so schwer, Willenskraft zu entwickeln und eisern an Vorsätzen festzuhalten?

Das liegt an dem inneren Schweinehund.

Der haust in jedem von uns. Der innere Schweinehund ist sozusagen unser Spiegelbild, das in unseren Gemütskammern schlaff am Boden liegt, erholungsbereit seinen Kopf auf die Pfoten legt und uns müde zuraunt: Ach, lass' dir Zeit, warum heute? Sei gut zu dir. Du musst jetzt nicht den Helden spielen. Sport ist Mord. Diät ist uncool. Rauchen macht Spaß. Morgen ist auch noch ein Tag. Saufen macht lustig. Lieber heiter als schlank. Dünne können nicht genießen.

Wir hören gern auf den inneren Schweinehund. Er trifft ja auch immer den richtigen Ton. Das schlechte Gewissen wird so schnell pathetisch, ernst, spaßverderberisch. Aber der Schweinehund in uns ist lustig und lachbereit. Er ist sozusagen ein Frühlings-, Sommer- und Herbst-Symptom. Einzig die Jahreswende macht dem inneren Schweinehund Stress. Um Silvester und Neujahr herum nämlich besinnt der Mensch sich aufs Grundsätzliche. Er blickt aufs Jahr zurück, er zieht Bilanz. Er ist objektiv zu dick. Er raucht noch immer. Er trinkt zu viel. Der Mensch stellt außerdem fest, dass er viel zu wenig für die Altersvorsorge getan hat, dass er für seine Einkommensverhältnisse eigentlich ein viel zu großes Auto fährt und er im Falle eines Falles mit Arbeitslosengeld I nie und nimmer zurechtkäme. Der Mensch weiß plötzlich: Er muss sein Leben ändern. Aber wie? Wo sind die Vorbilder für den Triumph über den inneren Schweinehund?

Das größte Idol in dieser Hinsicht bleibt Thomas Mann. Er ist sozusagen der Weltmeister in der Bekämpfung des inneren Schweinehundes, ein Held der Selbstüberwindung, der Selbstüberlistung.

Alles begann in der Schule. Sein Gymnasiastendasein am Lübecker Katharineum muss er als eine Mischung aus Folter und unfreiwilliger Komik empfunden haben. Er war ein miserabler Schüler. Selbst im Turnen bekam er im Abgangszeugnis die Note »mangelhaft«; die Übungen an Reck und Barren, die ja sowieso jeden Unsportlichen der Lächerlichkeit preisgeben, erschienen ihm später als »so ungefähr das Widrigste, was ich bislang erlebt«. Die Lehrer jener Jahre geizten nicht mit Schlägen, Thomas Mann berichtet als Erwachsener: »Herr Gottschalk, der große Pädagoge, hatte die schöne Gewohnheit, uns, bevor er uns durchprügelte, zu fragen, ob wir einsähen, dass wir Strafe verdient hätten. Das ängstliche Ja, das zur Antwort ihm ward, pflegte nicht von Herzen, wohl aber aus einer bangen Ahnung zu kommen, dass wir, wenn wir Nein sagten, noch viel mehr Prügel erhalten würden.«

Der kleine Thomas entwickelt seine Abwehrmechanismen, indem er vor den Mitschülern die Lehrer mustergültig nachmacht und dafür Beifall erntet. »Beim Unterricht aber ging es mir übel, denn ich war zu tief beschäftigt damit, die Komik aus den Bewegungen der Lehrer herauszufinden, als dass ich auf das Übrige hätte aufmerksam werden können.«

Thomas Mann bleibt sitzen, er verlässt das Katharineum ohne Abitur, und sicherlich spricht er von sich selbst, wenn er sagt, man solle jungen Menschen im Alter von achtzehn oder neunzehn keine Prüfung zumuten, man verstehe da das Leben noch nicht, »man ist vielleicht vorläufig noch ein träumerischer Faulpelz«.

Vorläufig – dieses Wort hat er mit Bedacht gewählt. Denn er selbst bleibt ja kein Faulpelz, seine stupende Bildung hat er sich nebenher angeeignet, als lektürebesessener, bildungswütiger Autodidakt. Und hier beginnt das Thomas-Mann-Paradox. Er wird fleißig, weil er im Grunde faul ist. Er bekämpft mit geradezu eiserner Selbstdisziplin seine Disziplinlosigkeit. Noch der erwachsene, erfolgreiche Schriftsteller beklagt in seinem *Lebensabriss* im Alter von fünfundfünfzig Jahren, dass die Faulheit der frühen Jahre ihm bis heute zu schaffen mache: »Mein Bedürfnis nach viel freier Zeit für Müßiggang und stille Lektüre, eine wirkliche Trägheit meines Geistes, unter der ich noch heute zu leiden habe, machten mir den Lernzwang verhasst.«

Wie bitte? Trägheit des Geistes? Bei einem Manne, dessen epochales Werk in einer kommentierten Gesamtausgabe bei S. Fischer auf achtunddreißig Bände ausgelegt ist? Der neben acht Romanen und dreiunddreißig Erzählungen auch eine kaum überschaubare Fülle von Essays, Betrachtungen, Streitschriften, Reden, Rundfunkvorträgen, Briefen und Tagebucheintragungen hinterlassen hat? Dies alles abgerungen der Faulheit? Genau. So ist es. Den Trick hat Thomas Mann durch Detlev Spinell verraten lassen, den verkrachten Schriftsteller in seiner Erzählung *Tristan*.

Darin erklärt Spinell der schönen Gabriele Klöterjahn, warum er Frühaufsteher ist: »Die Sache ist die, dass ich früh aufstehe, weil ich eigentlich ein Langschläfer bin. Früh aufstehen, grausam früh, ein kaltes Bad und ein Spaziergang hinaus in den Schnee ... Das macht, dass wir vielleicht eine Stunde zufrieden mit uns sind. Gäbe ich mich, wie ich bin, so würde ich bis in den Nachmittag hinein im Bette liegen, glauben Sie mir. Wenn ich früh aufstehe, so ist das eigentlich Heuchelei.« Frau Klöterjahn aber will das nicht Heuchelei nennen, sondern Selbstüberwindung.

Und genau das tat der Schöpfer von Herrn Spinell und Frau Klöterjahn. Er überwand sich selbst. Lebenslang. Beinahe täglich.

Zu diesem Zwecke warf Thomas Mann sich in ein enges Korsett täglicher Ordnung. Hatte er als junger Mann in Italien oft noch bis in den Nachmittag hinein geschlafen, saß der Ehemann um neun am Schreibtisch und arbeitete – Schaffenskrisen natürlich inbegriffen – bis etwa 12.30 Uhr. Sein Biograph Hermann Kurzke schätzt, dass Thomas Mann täglich im Schnitt fünf engbeschriebene Seiten in seiner kleinen, reinlichen Handschrift geschafft haben dürfte: Belletristik, Briefe, Essays. Da der Nobelpreisträger rund ums Jahr arbeitete, also auch sonntags und im Urlaub, kam er jährlich auf 1800 Seiten. Und das ergibt in sechzig Jahren als Schriftsteller, Essayist und Briefeschreiber wohl mehr als 100 000 Seiten.

Auch sein restlicher Tag war geregelt. Nach Mittagessen und Rast nutzte der Autor die Nachmittagsstunden für die Recherche (die ja in vielen Fällen, vor allem für *Joseph und seine Brüder*, ein gewaltiges Pensum darstellte). Nach dem Abendessen wurde meist Musik gehört, der spätere Abend galt den Eintragungen ins Tagebuch. Dort notierte er auch den Satz, aus irgendeinem Grund habe er »den ganzen kostbaren Vormittag« nichts mehr zustande gebracht – wenn je einem Menschen die Kostbarkeit der Zeit als ein ganz besonderer Lebensrohstoff bewusst war, dann ihm. Deshalb ging er auch mit Alkohol sparsam um, denn zu viel davon rächte sich tags darauf bei der Literaturproduktion. Nur das Rauchen zählte lebenslang zu seinen Gewohnheiten, er empfand es als Stimulans. Hätten Zigaretten und Zigarren dem Werk geschadet, wäre er sicherlich eiserner Nichtraucher geworden.

Und Sie? Stehen Sie fassungslos vor so viel Konsequenz? Plagt Sie jetzt das schlechte Gewissen, weil Sie erstens noch immer rauchen und zweitens sowieso bei jeder Gelegenheit dem inneren Schweinehund recht geben, der Sie mal wieder blitzschnell überreden konnte, Ihren niederen Neigungen nachzugehen? Dann sollten Sie vielleicht mal einen Blick in das Buch *Lob der Disziplin* von Bernhard Bueb werfen.

Das ist der Pädagoge, der dreißig Jahre lang die Eliteschule Schloss Salem geleitet hat. Ein strenger Mann, der wieder Mut zur Erziehung und sogar zur Strafe fordert. Der behauptet, Freiheit erwerbe man nur durch Disziplin, und der auch weiß: »Disziplin wirkt heilend.« Als Beleg führt er Helen Keller an, im Alter von zwei Jahren taubblind geworden, ein armes leidendes Kindchen, dem die Familie alle Wünsche erfüllte und das immer unausstehlicher wurde. Dann bekam Helen eine Erzieherin, die sie mit Liebe, aber

151

auch mit großer Strenge in die Zucht nahm. Helen konnte studieren und wurde eine bekannte Autorin: »Dieses mutige Experiment gelang, weil die Erzieherin Helen liebte und die Liebe sie legitimierte, Verzicht und Gehorsam von ihr zu fordern und phasenweise auch zu erzwingen.«

Sie aber brauchen keine Erzieherin, Sie sind ja schon erwachsen. Mit einem kleinen inneren Schweinehund. Legen Sie ihn an die Kette. Gleich heute. Nur so machen Sie aus Ihrem Leben ein Meisterwerk.

Macken nutzen mit Woody Allen

Ah ja, Ihnen ist das nicht fremd? Auch Ihr Lebensweg ist gelegentlich von Neurosen umkränzt? Sie finden Menschen sympathisch, die zwanghaft die abgebrochenen Spitzen von Buntstiften sammeln? Die beim Gang durch die Stadt nicht auf die Ritzen des Pflasters treten mögen? Die mehrfach nachschauen, ob der Herd wirklich ausgeschaltet ist?

Gut. Dann sind Sie ja in bester Gesellschaft.

»Ich kann nicht aus dem Bus aussteigen«, erzählt jemand in einem dieser segensreichen Foren im Internet, »ohne mindestens einmal zu meinem Platz zurückzugehen, um nachzusehen, ob ich alles habe. Die Leute schauen mich dann immer total doof an.« Andere leiden unter Zählzwang, müssen beim Treppensteigen unbedingt jede einzelne Stufe nummerieren, putzen sich bis zu dreißigmal am Tag die Brille oder legen Statistiken über die Zahl der Autos an, die sie heute auf dem Weg zur Arbeit überholt haben (drei mehr als gestern).

Schon etwas heftiger plagt der Neurosenteufel jene Menschen, die einem nie richtig zuhören. »Wenn jemand mit mir redet«, berichtet ein armer Neurotiker, »stelle ich mir die Buchstaben, die er spricht, im Kopf vor.« Damit nicht genug, er ordnet sie im Geiste auch immer in Fünfergruppen, wird also ganz kirre, wenn die Sache nicht aufgeht. Das ist schon eine ziemlich abgefahrene Vorstellung, dass derjenige, der sich mit dir unterhält, deine Worte in seltsame Cluster zu je fünf Buchstaben einteilt: Wennj, emand, mitmi, rrede t. O je! Ist nicht aufgegangen, nochmal von vorn: nochm alvon vorn – da fehlt schon wieder ein Buchstabe, Mist!

Doch wollen wir darüber die Nase rümpfen? Auf keinen Fall. Hier geht es darum, unsere Macken freundlich zu begrüßen und sie uns zu eigen zu machen. Die These lautet: Fast jede Macke ist produktiv. Langweiler haben keine Macken. Jedenfalls keine produktiven. Lebendige Naturen dagegen verstehen sich auf die Kunst der Verwandlung: Macken zu Stärken! Neurosen zu ewiger Kreativität!

Denken wir nur an die im deutschen Volkskörper wahrscheinlich am häufigsten auftretende Macke, die Hypochondrie. Als einer der begnadetsten Vertreter dieses Leidens darf Herr Harald Schmidt gelten. Der Mann leidet aber nicht nur, er macht daraus auch beste Unterhaltung: »Ich als Hypochonder will nicht, dass mein Arzt lächelt. Ich verlange diesen Blick, bei dem es nur noch darum geht: Bleiben mir noch Minuten oder wenigstens Stunden?«

Im Übrigen kann der Alarmismus der Wehleidigen auch höchst nutzvoll sein. Wie bei Roger Moore. Er trägt bei seinen zahlreichen Reisen als UNICEF-Botschafter zwar immer eine Liste mit Namen und Adressen örtlicher Fachärzte bei sich, aber ist das schlimm? Keineswegs. Schließlich ist er dank dieser Umsicht auf Prostata-Krebs im frühen, also behandelbaren Stadium aufmerksam geworden.

Als König der Hypochonder darf aber Woody Allen gelten: »Ich bin ein Mensch, der bei einem eingewachsenen Zehennagel glaubt, er wird sterben.« Und damit sind wir schon beim allerbesten Beispiel von Menschen mit Macken, die Schlimmes in Produktivität umsetzen. Woody Allen ist zweifelsfrei ein Genie. Er hat (bis heute) knapp fünfzig Filme gedreht, wurde einundzwanzigmal für den Oscar nominiert und hat ihn dreimal tatsächlich gewonnen. Er hat die ganze Welt zum Lachen gebracht und die halbe Menschheit zu Tränen gerührt. Was macht den Mann so produktiv? Ganz klar: Es sind seine Macken.

Vor gar nicht so langer Zeit hat der *Stern* ihn gefragt: »Ihre Vertrauten behaupten: je depressiver Ihre Stimmung, desto komischer Ihre Drehbucheinfälle. Wie funktioniert das?« Und der Meister antwortete: »Es stimmt, wenn ich mich klein, niedergeschlagen und nichtswürdig fühle, gelingen mir sehr unterhaltsame Sachen. Und wenn ich dann spüre, dass ich amüsant bin, gerate ich in eine nervöse, manische Anspannung, die mich noch amüsanter macht.«

Glück, lautet die Erkenntnis, ist nicht produktiv. Ein ausgeglichenes Familienleben oder ein Dasein als bücherlesender, musikhörender, weltabgewandter, zufriedener Single sind ein Wert an sich, allerdings kein kreativer. Im Zustand vollkommener innerer Normalitätszufriedenheit und Harmonie schreibt man keine Romane, die Menschen zum Weinen bringen, komponiert man keine Opern, die noch Jahrhunderte später aufgeführt werden, dreht man keine Filme, die für den Oscar nominiert werden.

Erst das Leid schafft Kreativität, Macken animieren zur Ausgleichsanstrengung, Schwächen verursachen Höchstleistungen. Um es mit den Worten Woody Allens zu sagen: »Glück oder eine sonnige Wesensart erzeugen keinen Impuls, sich künstlerisch auszudrücken. Schmerz stimuliert.« Es sind auf allen Gebieten die sogenannten schwierigen Charaktere, die sich Höchstleistungen abgewinnen: Gordon Brown, Thomas Bernhard, Isaac Newton, Oliver Kahn, Herbert Wehner, Klaus Kinski, Gustav Mahler. Und so weiter.

Gut. Prima. Jetzt kommen wir aber mal von den Genies zu Ihnen. Unter was für einer Macke leiden denn Sie? Ah ja, Sie tragen eine Brille mit eingebautem Scheibenwischer. Aber was soll daran schlimm sein? Hat Ihnen Elton John doch längst vorgemacht.

Sie mögen Ihr Äußeres nicht? Dann holen Sie sich die Adressen von ein paar Schönheitschirurgen bei Michael Jackson.

Sie behaupten, ein buddhistischer Christ zu sein, und denken insgeheim, das höre sich doch etwas überspannt an?

Auch kein Problem. Die hübsche Schauspielerin Esther Schweins sagt ebendas von sich: »Aus dem Buddhismus nehme ich mir die Anleitung, offen zu sein für den Geist und den inneren Frieden zu finden. Aus dem Christentum die Nächstenliebe. Man muss die Werte erkennen und sich nehmen, was man braucht.« Na klar, so ist es. Wer will denn heute noch eine festgefügte Religion, einen Katechismus aus starren Regeln? Man steht im Supermarkt doch auch vor riesigen Regalen und nimmt sich dies und das.

Sollten Sie übrigens Fingernägel kauen, hebt das natürlich nicht den optischen Gesamteindruck. Aber die inneren Spannungen, die sich im Knabbern entladen, mögen doch in ihrer verqueren Dynamik zu Ihrem Lebenserfolg beitragen, prominente Nägelbeißer sind immerhin Henry Kissinger und Angela Merkel. Und sollten Sie eine sonderbare Neigung zu schwerem Samt, Atlasstoffen oder einer Unmenge von Kissen hegen, zwischen denen Sie sich einigeln und so richtig doll wohl fühlen, so sind Sie auch hier in kreativster Gesellschaft, zum Beispiel in der des Musikgenies Richard Wagner, der gar nicht genug bekommen konnte von solcher Kuschelseligkeit.

Oder nehmen Sie die Sache mit der Banane. Würden Sie ein so unschuldiges gekrümmtes Stück Obst mit der inneren Balance des Universums in Verbindung bringen? Na, vielleicht sind Sie einfach nicht genial genug dafür: »Seit meiner Kindheit«, erzählt Woody Allen, »achte ich ängstlich darauf, meine Frühstücksbanane in exakt sieben Scheiben zu schneiden. Ich habe den Aberglauben, sechs oder acht

Schreiben würden die empfindliche Balance des Universums zerstören.« Wenn Sie allerdings denken, Karl Lagerfeld trage seine fingerlosen Lederhandschuhe aus neurotischen Gründen, so irren Sie. Sie erfüllen im Gegensatz zu seinem Fünf-Kilo-Metallgürtel oder den einundzwanzig Ringen an acht Fingern einen praktischen Zweck: »So kann man feuchte Händedrücke vermeiden.«

Der kluge Philosoph Immanuel Kant dachte nicht ganz so lebenspraktisch. Kant, der ein unfassbar statisches Leben führte und seine Vaterstadt Königsberg fast nie verließ, soll nie gelüftet haben. Als er es ein einziges Mal dennoch tat, entdeckte er im Lichte des Tages Wanzen. Was ihn zu der Annahme veranlasste, solches Ungeziefer werde von ebenjenem Tageslicht angezogen.

Kehren wir von solchen Geistesheroen zurück zu uns Normalos, zurück zu den inneren Gefährdungen, die als Stimulans auch unser Leben würzen. Zusammenfassend lautet die erste Erkenntnis: Glück ist nett, aber unproduktiv. Zweitens: Macken helfen Ihnen, Ihr produktives Kapital zu stimulieren. Drittens: Lassen Sie sich vom Kummer nicht übermannen, er muss genau jene Intensität behalten, die Sie anfeuert. Oder wie Woody Allen es als Experte ausdrückt: »Der Schmerz darf nicht zu groß sein, weil er dich sonst zum Krüppel macht. Es hängt alles vom richtigen Grad des Leidens ab.«

Dafür war auch der österreichische Qualitätsautor Thomas Bernhard ein Experte. In seinem Roman *Der Untergeher* beschreibt er hellsichtig den kanadischen Ausnahmepianisten Glenn Gould und dessen Studienkollegen Wertheimer, der angesichts der Größe Goulds scheitert, aber in seinem Unglück eine wundersame Befriedigung findet: »Tatsächlich konnte ich ja sagen, er war zwar unglücklich in seinem Unglück, aber er wäre noch unglücklicher gewesen, hätte er über Nacht sein Unglück verloren, wäre es ihm von einem Augenblick auf den anderen weggenommen worden, was wiederum ein Beweis dafür wäre, dass er im Grunde gar nicht unglücklich gewesen ist, sondern glücklich und sei es durch und mit seinem Unglück.«

Womit wir am Ende bei einer Erkenntnis angelangt wären, die zwar nicht neu, aber dennoch von großer Frische ist. Schon Goethe (1749 bis 1832) dichtete über das, was uns gelegentlich bedrängt, ein Loblied: »Wenn's dir in Kopf und Herzen schwirrt, was willst du Besseres haben? Wer nicht mehr liebt und nicht mehr irrt, der lasse sich begraben.«

Luxus genießen mit Oscar Wilde

Das Kind hieß Maria Antonia Josepha Johanna. Es kam im Jahre 1755 zur Welt und wurde mit vierzehn nach Frankreich verheiratet. Ihre Mutter wollte das so. Die Kaiserin Maria Theresia von Österreich gab ihr Töchterchen an den Dauphin, den späteren Ludwig XVI. Von Liebe war keine Rede, nur von Politik. Marie-Antoinette fiel von einem Luxus in den nächsten, vom Wiener an den Versailler Hof. Sie spielte, sie wettete, sie frühstückte in der Badewanne, sie umgab sich mit Pracht und Pomp, und sie war auch eine Trendsetterin. Was immer sie an Frisuren erprobte, der Hof tat es ihr nach. Dem Volk galt sie als abschreckendes Beispiel der Verschwendungssucht. Als es auf die Barrikaden ging, soll sie gesagt haben: »Das Volk schreit nach Brot? Dann gebt ihm doch Kuchen.« Dabei handelt es sich tatsächlich zwar um ein Wanderzitat, das auch anderen Herrscherinnen in die Stöckelschuhe geschoben wurde, doch von ihr stammen könnte es schon: Mit der Welt außerhalb des Palastes kannte sie sich nicht aus. Ihr Leben stellt man sich am besten als das einer Paris Hilton des Rokoko vor: oberflächlich, innerlich leer, angefüllt von ewigen Partys, ewigem Champagner, ewigen Seidenkleidern und immer höheren Perücken.

Marie-Antoinette endete 1793 unter der Guillotine. Sie erlaubte sich aber selbst in dieser existenziellen Ausnahmesituation den Luxus guter Manieren. Als sie stolperte und dem Henker dabei auf den Fuß trat, soll sie ihre letzten Worte gesprochen haben: »Pardon, Monsieur.«

Während bis zu ihrem Ende Marie-Antoinette aller Luxus in den Schoß gefallen war, musste Honoré de Balzac zeitlebens darum kämpfen. Der Autor der *Menschlichen Komödie* erwirbt seinen Ruhm anders als die Prinzessin nicht durch Erbschaft, sondern durch Leistung und Selbstentwurf: Balzac strebt immer nach dem Größten: dem größten Ruhm, dem größten Erfolg, dem größten Luxus. Seine Verschwendungssucht ist legendär: Er soll in einem Vierteljahr zweiundvierzig Paar gelbe Glacéhandschuhe verbraucht haben, sein Gehstock mit vergoldetem Knauf kostete siebenhundert Franc, seine Kutsche fünftausend Franc, die Schulden bei seinem Schneider für seine eleganten Gewänder beliefen sich am Ende auf vierzehntausend Franc – das alles bei Gesamtschulden die sich im Jahr 1837, dreizehn Jahre vor seinem Tod, auf hundertachtzigtausend Franc summiert hatten.

Doch genau dieser Hang zum Luxus beflügelte seine Schaffenskraft. Weil ihm die Gläubiger, vor denen er floh, im Nacken saßen, weil seine abenteuerlichen Geschäftsideen zwischen Silberwerken und Ananas-Plantagen scheiterten, war Balzac gezwungen zur literarischen Produktion. So brachte er es am Ende auf einundneunzig Romane und Erzählungen, einige von ihnen Meisterwerke. Man darf festhalten: Ohne seine Leidenschaft für den Luxus wäre das Gesamtwerk Balzacs bedeutend schmaler ausgefallen.

Luxus kann aber nicht nur Antrieb für große Leistungen sein, sondern auch ihre Konsequenz. Wäre Prinz al-Walid ibn Talal Al Saud nicht so ungemein tüchtig, wäre er auch nicht einer der fünfzehn reichsten Männer der Welt geworden. Und könnte dann auch keinen A-380 mit vergoldeten Wasserhähnen zu seinem fliegenden Palast umbauen lassen.

Wie muss sich das anfühlen, wenn man wie dieser saudische Prinz »unermesslich« reich ist? Wenn man sich beinahe jeden bezahlbaren Wunsch erfüllen kann? Was gibt einem dann einen Kick? Dass man mit der funktionalen Pracht seines A-380 andere Milliardäre demütigt? Oder vielleicht doch, dass man sich etwas bauen lässt, zum Beispiel eine Yacht, wie es sie auf dieser Welt noch niemals gab? Dass man im schlimmsten Fall wegen der Ausstattung dieser Yacht noch nach zwei Generationen unvergessen ist, so wie noch heute drei Jahrzehnte nach dem Tode von Aristoteles Onassis erzählt wird, dass die Sitze der Barhocker beim griechischen Reeder-Tycoon mit den Vorhäuten von Wal-Penissen überzogen waren?

Vielleicht kommt es auch darauf an, ob das Geld über viele Generationen in einer Familie vermehrt und weitergereicht wurde oder ob der Reichtum über Nacht kam. Wie beim Rapper Sido, der sich plötzlich alles leisten kann.

Für den ist heute Luxus, wenn andere Geburtstag haben: »Früher war das immer blöd, weil ich kein Geld hatte und nichts schenken konnte, vielleicht mal eine Blume. Jetzt kann ich einfach etwas kaufen. Nur wenn ich Geburtstag habe, weiß ich nicht, was ich mir wünschen soll – ich habe doch alles.«

Na gut, er könnte es ja einmal mit einem Gehstock mit versilbertem Knauf versuchen oder mit einem eigens für ihn designten Duftwasser. Dann wäre er so etwas wie ein Dandy. Denn der Hang zum Luxus ist das Gegenteil von Weltverachtung, und der menschgewordene Luxus ist der Dandy. Durch die Radikalität, mit der er seine ästhetischen Ansprüche zur Maxime erhebt, setzt er sich weithin sichtbar von der Welt ab. Seine Erscheinung ist stets makellos. Aber nicht jeder Mann von heute mit Maßanzug, handgenähten Schuhen, feinster Uhr und Manschettenknöpfen wäre schon ein Dandy. Dazu fehlen ihm noch die Accessoires der Kühnheit, Dinge, mit denen auszustatten sich kein anderer trauen würde. Doch der Dandy braucht nicht nur die Blume im Revers, den Gehstock mit veredeltem Knauf oder das weltweit exklusiv für ihn kreierte Eau de Toilette – Dandytum ist vielmehr eine Geisteshaltung – die der gelangweilten Gelassenheit. Die Welt geht unter? O Gott, aber ich muss doch morgen früh zur Maniküre.

Als Luxusgeschöpf, das sich mit Luxus umgibt, muss der Dandy sich vor der Verachtung der Normalos hüten, denn in seiner Verfeinerung steckt stets die unausgesprochene Anklage gegen die Welt, warum sie nicht auch so vornehm sei wie er selbst. Der Dandy ist, wie Wiebke Hüster festgestellt hat, »ein König ohne sichtbares Reich oder ein Künstler ohne ein anderes Werk als er selbst«. Und deshalb ist er in unseren gleichmacherischen Zeiten auch ein Relikt.

Wer würde einem heute noch als Verkörperung des Dandytums einfallen? Der Modeschöpfer Karl Lagerfeld? Nein, dazu ist er zu aktiv – der klassische Dandy würde alles über Mode wissen, sie aber nicht entwerfen. Tom Wolfe? Ebenfalls Fehlanzeige, der Autor von *Fegefeuer der Eitelkeiten* lebt in New York, natürlich an der Upper East Side, und trägt täglich einen weißen Anzug, aber auch er schreibt noch in vorgerücktem Alter Bücher und Reportagen. Einem Dandy wäre das zu anstrengend, auch zu weltzugewandt. Nein, beim Blick aufs Dandytum fällt einem immer nur das 19. Jahrhundert ein: Beau Brummel, Jules Barbey d'Aurevilly, Hermann von Pückler-Muskau. Oder Oscar Wilde.

Wilde (1854 bis 1900), der ein Leben führte, das mindestens so spannend ist wie seine Dramen, Romane und Erzählungen, ist der Menschheit seltsamerweise durch zwei Krypto-Zitate in Erinnerung, also durch Aussprüche, von denen nicht verbrieft ist, dass er sie tatsächlich tat. Den einen Satz soll er gesagt haben, als er verarmt, gedemütigt durch einen entwürdigenden Prozess, im Pariser Exil todkrank in einem Hotelzimmer lag: »Entweder geht diese scheußliche Tapete oder ich.« Und: »I have but the simplest taste – I am always satisfied with the best.«

Gleichgültig, ob er es gesagt hat: Diese wenigen Worte sind doch ein bemerkenswerter Kompass für alle, die heute nach Luxus streben. Einfach immer nur das Beste wollen: Das kann sicherlich als Richtschnur dienen bei allem, was Spaß macht: Schuhe und Uhren kaufen, den Stoff für Maßanzüge auswählen, das Hotel buchen in St. Moritz, die Mietvilla in der Toskana, das Apartment an der Fifth Avenue.

Dabei ändert sich die Definition dessen, was Luxus bedeutet, nahezu unausweichlich nach Lebensalter, Gelderziehung und Vermögensmasse. In den allermeisten Biographien entsteht sehr bald ein Bedürfnis nach Luxus: Bei der Studentin schmückt ein Plakat das Zimmer, die Jungmanagerin will mindestens einen Druck, die junge Ehefrau im ersten Haus das Ölgemälde eines Avantgarde-Künstlers, die Vorstandsvorsitzende möglichst einen Immendorff, wenn sie sich schon keinen Gerhard Richter leisten kann.

Hat solches Aufwärtsstreben noch seinen qualitativen Grund, so treten Nützlichkeitserwägungen auf anderen Themenfeldern rasch zurück. Jeder muss zugeben, dass eine Fahrt von Frankfurt nach Berlin mit dem Auto rund 530 Kilometer dauert. Jeder, der bei dieser Tour schon ein paar Mal auf seinen Bordcomputer geschaut hat, weiß auch, dass die Durchschnittsgeschwindigkeit selten mehr beträgt als 110 Stundenkilometer. Und dass uns eine S-Klasse, ein Porsche oder ein Rolls-Royce nicht wesentlich schneller ans Ziel bringen als ein VW Golf, weil stockender Verkehr und Wanderbaustellen auch für etwas gehobenere Automobile gelten. Also: Für ein Drittel des Preises kommt man etwa genauso schnell ans Ziel. Aber dabei haben wir den Luxus vergessen.

Luxus ist das, was fast keiner braucht, aber fast jedem gefällt. In der Regel ist solcher Luxus in streng rationaler Abwägung überflüssig, aber er macht glücklich. Was ein Luxus-produkt eigentlich ausmacht? Der Chef von Hermès hat auf diese Frage eine ziemlich überzeugende Antwort. Es handele sich um ein Produkt, »für das der Wunsch stärker ist als die Vernunft«.

Vernunft und rationale Abwägung sind in der Männer-welt nicht nur bei Autos ausgeschaltet – Männer kaufen keine Autos, sondern Träume –, sondern auch auf einem anderen scheinbar technischen Feld: den Uhren. Wenn wir es auf den Kern reduzieren, dann gilt bei Uhren, dass eine gar nicht hässliche Junghans-Armbanduhr für rund 500 Euro nicht nur sekundengenau die Zeit anzeigt, sondern sich selbst in Schaltjahren funkgesteuert umstellt. Dass im Ver-gleich dazu die Audemars Piguet Grande Complication, die komplizierteste Taschenuhr der Welt, möglicherweise nicht ganz so sekundengetreu arbeitet. Aber dass der Träger und Käufer weiß, es ist eine Audemars Piguet, tatsächlich von Hand gefertigt in dem Westschweizer Dorf Le Brassus. Sie kostete nicht nur den Gegenwert einer Eigentumswohnung, sie wurde nicht nur Stunde um Stunde handgefertigt, sie besteht nicht nur aus vierhundert Einzelteilen – sondern sie beschert ihrem Träger auch das Gefühl, von allen Wissenden beneidet zu werden.

Und genau an dieser Stelle sind wir bei Ihnen. Wir wür-den Sie doch gern einmal fragen, ob Sie Ihre Briefe nicht auch mit einem Füller von Pelikan oder Geha unterschreiben könnten. Okay, aber warum tun Sie es dann mit einem um vieles teureren Schreibgerät von Mont Blanc? Genau. Weil Ihnen das ein gutes Gefühl gibt. Und eben darauf kommt es an. Luxus ist der schöne Sieg der Leidenschaft über den Ver-stand. Genießen Sie ihn!

Macht erringen mit Merkel und Kohl

Normale Leute im normalen Leben würden wahrscheinlich sagen: Angela Merkel hätte damals Wolfgang Schäuble als Bundespräsidenten vorschlagen müssen. Einst nämlich hatte Schäuble die junge Frau aus dem Osten gefördert, hatte sie in seiner Zeit als CDU-Vorsitzender sogar zu seiner Generalsekretärin gemacht. Im wirklichen Leben also hätte ein Vater, sagen wir, Angela Merkels Vater, zu seiner Tochter vielleicht gesagt: »Du, Angela, der Herr Schäuble war immer sehr gut zu dir, jetzt musst du dich auch mal erkenntlich zeigen, das gehört sich so.«

Aber Angela Merkel muss ja nicht auf ihren Vater hören. Sie darf es auch gar nicht. Hier geht es nämlich nicht um Gehorsam, menschlichen Anstand oder Manieren, sondern um Politik. Es geht um die Macht. Und zwar nicht im Stadtrat von Paderborn, sondern in jenen gefährlichen Höhen, die Joschka Fischer die »Todeszone« genannt hat: die Spitzenpolitik, in der dich jeder jagen wird. Deine politischen Gegner sowieso. Aber noch mehr deine eigenen Leute, die den politischen Komparativ längst inhaliert haben: Gegner, Feind, Todfeind, Parteifreund.

Einer wie Helmut Kohl hat sechzehn Jahre lang in dieser Todeszone überlebt. Das ist eine enorme physische, psychische und intellektuelle Leistung, es ist ein Macht-Meisterstück. Das ihm, als der Pfälzer nach Bonn wechselte, keiner zugetraut hätte. Kohl stieß in Bonn anfangs fast überall auf Spott, Häme, Herablassung. Wobei wir im Machtleistungskurs schon bei der ersten Lektion wären: Freuen Sie sich, wenn Sie unterschätzt werden.

Franz Josef Strauß zum Beispiel hatte viele Jahre auf Kohl herabgeblickt, hatte in einer parteiinternen Rede im November 1976 prophezeit, der Mann aus der Pfalz werde niemals Kanzler werden: »Er ist total unfähig. Ihm fehlen die charakterlichen, die geistigen und die politischen Voraussetzungen.« Nur nebenbei erwähnt: Man beachte die Reihenfolge. Charakter wird von Strauß an erster Stelle genannt. Und sehr wahrscheinlich hat er damit recht. Jedenfalls, wenn wir unter »Charakter« Machtwille, Fleiß und Kritikresistenz verstehen. Viele Jahre später wird der niedersächsische Ministerpräsident Christian Wulff öffentlich erklären, er wolle nicht Kanzler werden, ihm fehle der absolute Wille zur Macht und die Bereitschaft, solchem Machtwillen alles andere in seinem Leben unterzuordnen. Auf die Frage, wer dazu fähig sei, nennt er nur drei Namen: Müntefering, Koch, Merkel.

Angela Merkel wurde anfangs dieser unbedingte Wille zur Macht nicht zugetraut, sie wurde unterschätzt. Erst war sie »Kohls Mädchen« (das in der Tat in seiner Nähe viel Zeit hatte, vom Meister zu lernen), danach zeigte sie den Männern, die vorher Witzchen über sie gemacht hatten, dass sie nicht mit sich spaßen lässt: Merz, Koch, Schäuble, Oettinger – politische Opfer pflastern ihren Weg. Horst Seehofer sagt über Merkel: »Wer sie unterschätzt, hat schon verloren.«

Auch bei unserer zweiten Lektion orientieren wir uns jetzt wieder an Merkel und ihrem Lehrmeister Kohl. Sie lautet: Sei misstrauisch. Wie jedem ehemaligen Bürger des Überwachungsstaats DDR, fällt Merkel dieses Misstrauen nicht schwer. In einem Land, das seine Bürger notfalls gnadenlos abhörte und observierte, in dem nicht weniger als 600 000 informelle Mitarbeiter der Staatssicherheit andere ausforschten, hatten Menschen wie Angela Merkel (noch dazu als

Tochter eines Pfarrers) von Kindesbeinen an gelernt, anderen nicht immer nur gute Absichten zu unterstellen.

Solches Misstrauen ist im Westen vor allem gegenüber Parteifreunden angebracht. Fast nirgends sonst in unserer Gesellschaft sind Diskretion und menschlicher Anstand seltener als unter ehrgeizigen und konkurrierenden Mitgliedern einer Partei. »Haben Sie von Kohl gelernt, dass Parteifreunde nicht immer Freunde sind?«, will im Gesprächsbuch *Mein Weg* Hugo Müller-Vogg von Angela Merkel wissen, doch die antwortet kühl: »Muss man das erst lernen? Gesundes Misstrauen reicht, um zu wissen, dass man nicht immer alles zum Nennwert nehmen sollte.«

Klar. Und vom Menschenkenner Kohl konnte sie sich ja auch noch eine Menge abgucken. Merkel berichtet in Müller-Voggs Buch, sie habe einst gegenüber Kohl einen anderen Parteifreund kritisiert. Der Kanzler habe kühl geantwortet: »Dann schreiben Sie ihm das und geben mir eine Kopie des Briefes.« Eine andere Kohl-Methode zielte auf die menschliche Natur und ihren Hang zur Verschwatztheit: Kohl sprach im Vieraugengespräch vertraulich über einen Abwesenden und konnte insgeheim sicher sein, die Botschaft werde den Kritisierten schon erreichen.

Was Kohl hier durchaus in voller Absicht als Methode einsetzte, muss zugleich jedem Macht-Haber schlaflose Nächte bereiten. Es handelt sich dabei um eine einfache Verhältnisgleichung: Je höher jemand in Politik oder Wirtschaft, in Kirchen oder Gewerkschaften aufsteigt, desto wichtiger wird sein Wort. Äußert er eine Meinung im Gespräch noch mit dem Wohlmeinendsten, so ist diese Meinungsäußerung gleichsam ein Ritterschlag. Der Mächtige zieht seinen Gesprächspartner mit dieser Äußerung zu sich herauf auf die Ebene der Herrscher, er lässt ihn ein wenig teilhaben an der Macht. Und das verkraften nur wenige. Nicht, dass sie unbedingt illoyal oder indiskret sein möchten. Aber was sie ganz unbedingt wollen, ist, dass die anderen wissen, wie wichtig sie sind. Sie sind so wichtig, dass der Machthaber sie in ihr Vertrauen gezogen hat. Sie plaudern Geheimnisse aus, um vor anderen zu zeigen, wie bedeutend sie sind.

Jeder, der Macht hat, ahnt das. Und wenn er dies nicht tut, wird er nicht mehr sehr lange mächtig sein. Das wusste schon – dritte Lektion – der florentinische Machtanalytiker Niccolò Machiavelli. In seiner Schrift *Der Fürst*, einer Anleitung zum Erringen und Bewahren von Macht, stellte er die hochinteressante Frage, was für den Fürsten besser sei – geliebt oder gefürchtet zu werden. Seine Antwort fiel klar aus: Beides sei erstrebenswert. Zum Machterhalt notwendig aber sei die Furcht der Untertanen.

Was der Mann aus Florenz im Jahr 1513 niederschrieb, kleidete der amerikanische Präsident Theodore Roosevelt vier Jahrhunderte später in die außenpolitische Maxime »Speak softly but carry a big stick« – sprich sanft, aber trage einen Knüppel bei dir. Dies ist eines der Grundgesetze der Macht. Es gilt für Parteien, Verbände, Unternehmen, sogar für die Kirchen und oft genug für Familien. Man könnte dieses Motto auch mit den Worten »Zuckerbrot und Peitsche« übersetzen. Der Mächtige verfügt über Belohnungsmacht, also die Möglichkeit, die von ihm Abhängigen durch Wort und Tat zu belobigen, also etwa durch die Mitnahme auf Reisen oder die Ernennung zu Ministern und Parlamentarischen Staatssekretären, auch schon durch Beachtung und Lob. Das »sanfte Sprechen« steht dabei für die Lockungen und Gnadengesten des Mächtigen, der »Knüppel« für die unausgesprochene, aber latent immer spürbare Gewaltbereitschaft. Auch der freundlichste und jovialste Machthaber in der Spitzenpolitik und an der Unternehmensspitze muss den Knüppel immer parat haben und ihn ohne Zögern einsetzen, wenn ihm jemand seine Macht abspenstig machen will. Stoiber war in dem Moment erledigt, als sich seine internen Gegner öffentlich gegen ihn äußerten, ohne dass er zurückschlug: Politik gehorcht sehr einfachen Regeln.

Die des Leistungssports unterscheiden sich von jenen der Politik übrigens kaum: Auch ein Fußballtrainer in der Bundesliga muss die Disziplinlosigkeiten seiner Spieler sofort abstrafen, sonst ist seine Autorität bald im Keller. Und Publizisten wie ›Spiegel‹-Herausgeber Rudolf Augstein passten von Anfang an auf, dass ihnen niemand in die Quere kam. Dieter Schröder, einer seiner Biographen, weiß: »Er war stets misstrauisch und achtete darauf, dass keiner zu mächtig wurde. Lange Zeit hielt er sich deshalb zwei Chefredakteure, um sie gegeneinander ausspielen zu können.«

Die Sache mit Zuckerbrot und Peitsche, das Belohnen durch Beachtung und das Abstrafen durch Missachtung beherrschte niemand so perfekt wie Helmut Kohl. Der Mann war beides: ein Kontaktgenie und Menschenfischer, aber auch ein gnadenloser Rächer. Seine Mischung aus pfälzischer Bonhomie und kluger Menschenpflege zeigte sich in einem Detail: Noch der Bundeskanzler las die Familienanzeigen in seiner heimischen Ludwigshafener Regionalzeitung ›Die Rheinpfalz‹. Kein Referent konnte ihm das abnehmen, denn die Namen der CDU-Funktionäre, die verstorben waren oder Goldene Hochzeit feierten, die kannte nur er. Und wenn er dann kondolierte oder gratulierte, tat das kein Geringerer als der Kanzler der Bundesrepublik Deutschland persönlich – dergleichen erfreut jede Familie. Und sie erzählt es weiter.

Gerd Langguth, erst ein geschätzter Berater, dann vom Meister verstoßen, hat Helmut Kohls Menschenfischerei in seinem Buch *Das Innenleben der Macht* plastisch geschildert. Das mit dem Zuckerbrot sah dann so aus: »Sein eigentliches Rezept bestand darin, dass er erstens, gerade bei Gesprächen in kleinem Kreis, einen ungewöhnlichen, wenn auch etwas burschikosen Charme entfaltete, dass er zweitens seinen Gesprächspartnern das Gefühl vermittelte, er wisse um ihre wirkliche Bedeutung; und drittens erlebte man mit Kohl eine gemeinsame Geschichtsdeutung. Er erzeugte den Eindruck, dass man mit ihm zusammen an einem historischen Aufbruch teilnahm.«

Manchmal durften seine Gesprächspartner sogar im Raum bleiben, wenn Kohl mit den Großen dieser Welt telefonierte. Langguth: »So konnten die solcherart Geehrten das gesamte Geschehen – inklusive Einsatz von Dolmetschern und Beamten, die die Telefonate protokollierten – live miterleben. Und Kohl konnte damit rechnen, dass über diese besondere Vertrauensbekundung von den Betreffenden in ihrem jeweiligen Bekanntenkreis stolz berichtet wurde.« Zu den weiteren Gunstbeweisen zählte die Einladung zu Auslandsreisen oder zu einer nächtlichen Runde in den (Bonner) Kanzlerbungalow.

Und wie sah das mit der Peitsche aus? Zum »System Kohl« gehörte, dass er nicht nur Beziehungen zu den anderen Machthabern in Ministerien, Parteigliederungen, Rundfunkanstalten, großen Zeitungen und Unternehmen pflegte, sondern oft auch zu mindestens je einem höheren Mitarbeiter in diesen Institutionen. Die ihn dann und wann mit Informationen versorgten. Und eben mit solchen Interna konfrontierte Kohl die Chefs, die den Eindruck gewinnen mussten, Kohl sei ja wirklich über die kleinsten Verästelungen in ihren Häusern informiert. Das sorgt für Respekt. Der CDU-Politiker Friedbert Pflüger, der ein Buch über ihn geschrieben hat: »So erhält man Spannungen in den einzelnen Untergliederungen, niemand wird zu mächtig, und jeder fürchtet, dass vertrauliche Informationen ganz nach oben weitergegeben werden.« Vielleicht kennen Sie das ja auch aus

Ihrer Lebenswirklichkeit: Wenn ein Mächtiger es darauf anlegt, dass ihm Gerüchte, Klatsch und Geheiminformationen zugetragen werden, dann mangelt es nicht an Zeitgenossen, die viel Freude an solcher informellen Mitarbeit finden.

Helmut Kohl hatte überdies ein erdbebenfestes Gedächtnis. Er vergaß keine Missetat, keinen Widerspruch, erst recht keine Undankbarkeit. Und er genoss dann seine Rache. Er machte sich die Gewohnheit vieler Mächtiger zu eigen, die Welt in Freund und Feind einzuteilen. Der legendäre Fotograf Jupp Darchinger, einer der lichtbildnerischen Chronisten der Bundesrepublik, hat das zu spüren bekommen. Kohl hatte den Eindruck gewonnen, dass Darchinger von ihm absichtlich unvorteilhafte Aufnahmen machte. Und zwar im Auftrag des Kohl-Feindes Nummer eins, des Nachrichtenmagazins ›Der Spiegel‹. Darchinger erinnert sich in der ›Wirtschaftswoche‹: »Als er mich später bei einem Interview mit seiner Frau im Garten des Kanzlerbungalows sah, kam er herbei und rief: ›Jetzt macht er sich schon an die Weiber ran.‹ Das hängt mir heute noch im Ohr.«

Je länger Kohl an der Macht war, desto schneller empfand er rein sachliche Kritik als persönlichen Angriff auf seine Person. Rita Süssmuth, die ihn manches Mal öffentlich kritisiert hatte, bestellte er zu sich und ließ sie ewig warten, ohne sie am Ende vorzulassen. Norbert Blüm, seinen langjährigen Weggefährten, strafte er mit Verachtung, als der kein Verständnis mehr für Kohls Verhalten in der Spendenaffäre aufbrachte: »Den Namen Blüm nehme ich nicht mehr in den Mund.« Dem damaligen CDU-Nachwuchspolitiker Friedbert Pflüger, inzwischen in Berlin gescheitert, der ein Jobangebot des Kanzlers abgelehnt hatte (und stattdessen lieber bei Kohls Rivalen Richard von Weizsäcker blieb), zeigte er fortan die kalte Schulter: »Danach hat Helmut Kohl seine

Kontakte zu mir abgebrochen. Dies geschah so vollständig, dass er kaum noch ›Guten Tag‹ sagte, wenn er mich auf offiziellen Anlässen in der Villa Hammerschmidt oder auf Parteiveranstaltungen sah.« An einer CDU-Ministerin, die sachlich anderer Meinung gewesen war als er, ging er seither grußlos vorbei.

Damit sind wir schon bei Machtregel vier: Macht hat mit den sachlich besten Lösungen nichts zu tun. Die beste Lösung ist für den Machthaber nur die, die ihm selbst dient. In gewisser Weise widersprechen die Spielregeln der Politik den Grundsätzen guten Benehmens. Während anständige Menschen auch in schweren Zeiten zu ihren Freunden stehen, wird der Politiker abwägen, ob Solidarität mit dem Parteifreund ihm nützt. Schadet sie ihm, wird er den Freund fallenlassen. Während es unter halbwegs gut erzogenen Menschen als unfein gilt, sich selbst zu loben, muss der Politiker seine Leistungen herausstellen, sich fortwährend produzieren und sich vor die Kameras drängen.

Hans Magnus Enzensberger hat das in seinem Aufsatz *Erbarmen mit den Politikern* 1992 gültig beschrieben: »Die permanente Werbung für die eigene Person ist vielleicht die peinlichste Zumutung, der ein Mensch sich aussetzen kann. Es gehört zu den Berufspflichten des Politikers, sich die albernsten Kopfbedeckungen, vom Tirolerhütchen bis zum Indianerschmuck, aufzusetzen, Säuglinge und Elefanten zu tätscheln, Bierfässer anzuzapfen, an den ödesten Karnevalssitzungen und den widerwärtigsten Talk-Shows teilzunehmen. Keine Putzfrau ließe sich auf diese Weise erniedrigen.«

Aber was ist denn jetzt eigentlich so toll an der Macht? Und zwar nicht nur an der politischen, sondern auch an der Macht als Unternehmer, als Klinikchef, als Betriebsratsvorsitzender, als Bischof? Zweierlei bestimmt im Wesentlichen diese Attraktion: Das eine ist die faktische Macht, Entscheidungen im eigenen Sinne durchzusetzen, auch gegen Widerstand oder gegen Mehrheiten. Das, was der Mächtige sich ausdenkt, was er manchmal auch aus innerer Überzeugung für wünschenswert hält, wird Wirklichkeit. Das ist ein enormer Kick für alle, die Ohnmacht nicht ertragen können, die gestalten, deuten und »etwas zu sagen haben« wollen.

Gerade dieser letzte Vorteil, dass man als Mächtiger Rederecht hat, sich aus der Masse der Schweigenden erheben kann, wird von den Machthabern genutzt, geliebt und ausgebeutet. Der Publizist Paul Sethe hat das als Regel erkannt: »Alle geschichtliche und Lebenserfahrung sagt aus, dass große Erfolge die Fähigkeit zum Zuhören vermindern.« Vor allem mächtige Männer leiden oft unter einer Art »eingebauter Vorfahrt«, sie fallen anderen ins Wort, ziehen andere Meinungen ins Lächerliche oder können selbst im kleinen Kreise die Anwesenden mundtot reden. Das gilt nicht nur für Despoten wie Adolf Hitler, der in seinen nächtlichen Monologen seine Gefolgschaft langweilte, bis sie schielte, das trifft schon auf den zum vierten Mal wiedergewählten Handwerkskammerpräsidenten zu, der das Recht zu haben glaubt, eine Tischgesellschaft stundenlang mit seinen Witzen zu quälen. Oder abermals für Rudolf Augstein: »In den Konferenzen liebte er keine Diskussionen, duldete er keine anderen Argumente und Meinungen als seine eigenen, auch nicht bei denen, die er wegen ihrer Bildung und Intelligenz schätzte.«

Der zweite Faktor, der Macht so verlockend werden lässt, ist die Erhöhung über die Allgemeinheit. In fast allen Fällen sind die Mächtigen auch prominent. Sie werden im Übermaß in jener Währung bezahlt, nach der heute alle gieren: Aufmerksamkeit. Ein braver Familienvater, der seine zwei Kinder zu ordentlichen Menschen erzieht, seine Frau nett behandelt, und seiner Arbeit als stellvertretender Abteilungsleiter in einem Industrieunternehmen mit Freude und Disziplin nach geht, der ist selbst in seiner Familie spätestens in der dritten Generation vergessen, nur noch ein Grabstein erinnert an ihn. Der Name des Mächtigen jedoch wird in Zeitungsartikeln, in Büchern und auf Videos überdauern, in wenigen Fällen sogar in den Geschichtsbüchern. Jürgen Leinemann hat in seinem Buch *Höhenrausch* der Verlockung politischer Prominenz als Daseinssteigerung nachgespürt und über einen früheren Außenminister geschrieben: »Es ist, als würden Fischer und Altersgenossen erst richtig zum Leben erwachen, wenn sie sich öffentlicher Aufmerksamkeit sicher sind.« Und Heide Simonis, ehemalige Kieler Ministerpräsidentin, hat gesagt: »Wenn mich auf fünf Schritte keiner erkennt, werde ich depressiv.«

Und Sie? Sie haben gar keinen Machtinstinkt, wollen weder eine Partei regieren noch ein ganzes Land? Sie wollen auch kein Unternehmer-Patriarch sein, der wie der schwäbische Schrauben-Mogul Reinhold Würth mit stolzgeschwellter Brust von sich sagt: »Bei mir kann jeder machen, was ich will.«?

Dann seien Sie doch froh. Dann können Sie sich wie ein ganz normaler Mensch benehmen. Brauchen sich nicht vor die Kameras zu drängen, brauchen nicht morgens um sechs schon dem Deutschlandfunk ein Interview zu geben, brauchen keine Parteifreunde auszubremsen, kein gutes Gedächtnis zu entwickeln für die Sünden anderer, an denen Sie sich dann kalt rächen werden. Sie müssen nicht täuschen, tricksen, intrigieren. Sie dürfen ein gemächliches, heiteres, entspanntes Leben führen. Und Sie dürfen in aller Ruhe bei einem Glas Wein in den Geschichtsbüchern blättern. Da stehen aber die anderen drin – nicht Sie.

Arm und reich werden mit Franziskus

Wir wollen jetzt über Armut nachdenken. Nicht über jene Armut, die über einen hereinbricht wie ein Tornado über ein friedlich schlummerndes Hunsrück-Dorf, sondern über die frei gewählte.

Der erste freiwillig auf jeden Luxus verzichtende bedeutende Mensch war wohl Diogenes von Sinope. Er lebte im vierten Jahrhundert vor Christus. Es ranken sich viele Anekdoten um ihn, und wahrscheinlich entsprechen die meisten nicht der historischen Wahrheit. Sehr wahrscheinlich hat er nicht, wie die Legende es will, in einer Tonne gelebt, wohl aber auf der Straße, als armer Mann. Er muss so eine Art Aktionskünstler der Antike gewesen sein, einer, der wie Sokrates die Menschen in aller Öffentlichkeit ansprach und ihnen lästige Fragen stellte. Die frei gewählte Armut, in der Diogenes lebte, demonstrierte seine Unabhängigkeit, die äußere Erscheinung sollte den Freiheitsdrang in seinem Inneren widerspiegeln. Deswegen ist die bis heute berühmteste Anekdote, die sich mit seinem Namen verbindet, die über Alexander den Großen. Der mächtige Herrscher besuchte samt Gefolge den Philosophen in Athen und fragte ihn, ob er einen Wunsch habe. Der arme Mann, der sich gerade im Sonnenschein wärmte, soll nur gesagt haben: »Geh mir ein bisschen aus der Sonne.« Wenn's stimmt, so ist die Botschaft klar: Der Arme und Einflusslose zeigt dem Reichen und Mächtigen, dass ihm Bedeutung, Macht und Geld nichts wert sind, dass wahre Freiheit durch den Verzicht auf Äußeres zu erlangen ist.

Der nächste sehr beeindruckende freiwillige Arme der Menschheitsgeschichte war dann Franziskus von Assisi. Er gehörte einer Kirche an, deren Manifest, *Das Neue Testament*, früh darauf hingewiesen hatte, wie schwierig die Sache mit dem Reichtum und der Armut ist. Dort steht (Matthäus 19, 16–22), dass einst ein junger Mann Jesus fragte, was er tun müsse, um in den Himmel zu kommen. Die Zehn Gebote befolgen, sagt Jesus. Aber das tue er doch schon – was er denn noch zusätzlich machen müsse? Da antwortet der Mann, der zu dieser Zeit als ein Wunderheiler, Wanderprediger und Heilsversprecher unterwegs ist: »Wenn du wirklich das ewige Leben haben willst, dann verkaufe, was du hast, und gib das Geld den Armen. Damit wirst du im Himmel einen Schatz erwerben, der dir nicht mehr verlorengeht. Dann komm und folge mir nach.« Damit war die Konversation am Ende: »Als der junge Mann das hörte, ging er traurig weg, denn er war sehr reich.«

Giovanni Bernadone, von seinem Vater Francesco gerufen, geboren im Jahre 1181 in Assisi in Umbrien, war auch solch ein reicher junger Mann. Vater Pietro Bernadone war durch den Tuchhandel mit Frankreich zu Geld gekommen. Auch der junge Mann sollte kein Heiliger, sondern Kaufmann werden, er lernte in der Pfarrschule lesen, schreiben und rechnen und sogar ein wenig Latein. Das *Lexikon für Theologie und Kirche* weiß über den jungen Francesco: »Er ist intelligent, lebenslustig und beliebt.« Niemand ahnt zu diesem Zeitpunkt, dass aus dem lebensfrohen jungen Mann eine der entscheidenden Figuren der katholischen Kirche werden wird, ein Mann, dessen Haltung achthundert Jahre nach seinem Tode immer noch aktuell ist, der den Ökos und Alternativen zum Vorbild dient, den Naturfreunden, Tierfreunden, Solarfreunden.

Bis es so weit ist, braucht Franziskus aber noch ein paar

Jahre. Vorerst bringt er das Geld seines Vaters großzügig unter die Leute und findet Gefallen daran, sich prächtig zu kleiden. Er ist spendabel und muss wohl eine Art Anführer unter den jungen Leuten in Assisi gewesen sein. Als er zwanzig ist, kommt es zum Krieg zwischen den Städten Assisi und Perugia. Francesco gerät bald in Gefangenschaft, sie muss ein Jahr gewährt haben und machte dem verwöhnten jungen Mann klar, dass das Leben kein Café Chantant ist. Er soll nachdenklicher geworden sein in dieser Zeit. Im Jahr 1205 zieht er dennoch abermals in den Krieg – einer der Gründe mag gewesen sein, dass junge Männer des Bürgertums damals durch Kriegsdienst die Chance hatten, Ritter zu werden. In Spoleto träumt er einen Traum, der sein Leben ändern wird. Gott fragt ihn: »Franziskus, wer kann dir mehr geben, der Herr oder der Knecht?« »Natürlich der Herr«, sagt Franziskus, und Gott fragt zurück: »Warum folgst du dann dem Knecht? Kehre zurück nach Assisi und warte, was ich dir als meinen Willen offenbaren werde.«

Jeder andere hätte einen solchen Traum als Kuriosum abgehakt – was man sich nicht so alles zusammenträumt. Doch im Sohn des reichen Tuchhändlers muss jenes Nachdenken über die eigene Existenz, das in der Gefangenschaft aufgebrochen war, bereits einen fruchtbaren Boden bereitet haben für den Samen des Wandels. Jedenfalls folgt Franziskus der Aufforderung Gottes und geht zurück in seine Vaterstadt. Dort gibt es ein Kirchlein, ein ganz armseliges, vor sich hin bröckelndes Gotteshäuschen namens San Damiano. Hier spricht ihn der Legende zufolge nach einem intensiven Gebet Gott vom Kreuze an: »Franziskus, gehe hin und stelle mein Haus wieder her!« Auch das nimmt der junge Mann ernst, er beginnt damit, die kleine Kirche zu renovieren.

Die eigentliche Wende nimmt das Leben des Franziskus, als er sich überwindet, sein Herz für die Ausgestoßenen zu öffnen. So wie wir uns heute meist weigern, in einem Pflegeheim nach einem entfernten Verwandten zu schauen, weil uns die Atmosphäre dort zu deprimierend vorkommt – »ach wissen Sie, allein dieser Geruch macht mich ganz krank« –, so hatte der junge Franziskus sich bis dato geweigert, mit Aussätzigen, die damals vor den Toren der Städte hausten, in Kontakt zu kommen, sie zur Kenntnis zu nehmen, sie überhaupt nur anzuschauen. Viele Jahre später wird er in seinem Testament auf diese Zeit zurückblicken: »Als ich in Sünden war, kam es mir sehr bitter vor, Aussätzige zu sehen. Und der Herr selbst hat mich unter sie geführt, und ich habe ihnen Barmherzigkeit erwiesen. Und da ich fortging von ihnen, wurde mir das, was mir bitter vorkam, in Süßigkeit der Seele und des Leibes verwandelt. Und danach hielt ich eine Weile inne und verließ die Welt.«

Letztlich ist es also kein mystisches Erlebnis, das die Wandlung des jungen Francesco bewirkt. Gewiss, da war dieser Traum gewesen, es gab die Worte vom Kreuz, aber der eigentliche Auslöser war der Kontakt zu den Ausgestoßenen, den Leprakranken, den Ärmsten der Armen. Ihnen geholfen zu haben verschafft ihm offenbar ein Gefühl der Erfüllung für Körper und Seele, wie er es nie zuvor gekannt hatte.

Dem ersten Befreiungsakt der Überwindung folgt kurz darauf der zweite: Franziskus »verlässt die Welt«, gerät in Streit mit seinem Vater, dem die Abkehr seines Sohnes vom Weg des Erfolges und Wohlstands nicht behagt. Er verlässt das elterliche Haus und tut genau das, was das Evangelium empfiehlt, er sagt sich von allen weltlichen Gütern los, wie alle Heiligen macht er sich unabhängig.

Franziskus, der Aussteiger, hat nie vorgehabt, einen Orden zu gründen. Aber er ist eine charismatische Figur, seine Persönlichkeit und seine Art zu leben beeindrucken bald viele, die ihm nachfolgen. Es werden immer mehr, sie kommen aus allen Bevölkerungsschichten, es entsteht der Franziskanerorden, der bis heute Bestand hat. Auch der heilige Franziskus selbst, der erste Umweltschützer, der Sonnen-Anbeter, der Freund der Tiere, hat seit Jahrhunderten seine Strahlkraft behalten. Vielen dient er heute als antikapitalistische, ökologische Leitfigur, die Menschen fasziniert und zur Nachahmung anstiftet.

Franziskus bleibt in Zeiten, da fast jeder immer reicher werden will, der Meister des Paradoxen. Jenseits seiner kirchenpolitischen Bedeutung ist das, was von ihm bleibt, vor allem die Botschaft, dass Glück keine Sache des Kontostands ist. Dass freiwillige Armut befreien kann. Dass Verzicht reicher macht.

Großzügig sein mit Axel Springer

Beginnen wir mit zwei Barbier-Szenen. Der große Forscher und Weltreisende Alexander von Humboldt war schon über siebzig. Er wartete beim Friseur in Paris darauf, an die Reihe zu kommen. Da betrat eine hübsche junge Frau mit besonders schönem Haar den Laden. Sie bot ihre Locken zum Verkauf. Sie forderte dafür 60 Franc, um mit dem Geld, wie sie sagte, ihrer kranken Mutter zu helfen. Der Barbier aber bot nur 20. Da erhob sich Alexander von Humboldt, überreichte der jungen Dame mit freundlicher Geste 200 Franc, schnitt ihr vorsichtig ein einziges Haar ab und tat es wie einen kleinen Schatz in seine Geldbörse.

Es war ebenfalls in Paris, man schrieb das Jahr 1924, und die Szene spielte sich gleichfalls bei einem Friseur ab. Ein Herr aus der Schweiz saß gerade mit nassen Haaren vorm Spiegel, als er einen Streit mit anhörte. »Mein Herr, das kann jeder sagen«, vernimmt er die Stimme des Friseurs. Und ein kleiner, schmächtiger Herr mit Schnurrbart beteuert: »Verzeihung, ich habe meine Brieftasche vergessen, ich hole sie im Hotel. Ich verspreche es Ihnen, Sie können anrufen, ich bin – ich bin – der Dichter Rainer Maria Rilke.«

Der Pariser Barbier aber hatte noch nie von einem Rilke gehört, er dachte ja gar nicht daran, diesen quiekenden aufgeregten Kunden ohne Bezahlung ziehen zu lassen. Da näherte sich der Herr aus der Schweiz dem Geschehen und rief: »Ich übernehme die Kosten!« Der Herr hieß Carl Jakob Burckhardt. Der Historiker aus der Schweiz, einer der Großen seines Fachs, und der bedeutende Lyriker spazierten dann ein wenig durch Paris, landeten in einem Antiquariat und führten mit diesem außerordentlich belesenen Bücherfreund-Antiquar ein hochinteressantes Gespräch über Literatur. Sie waren am Ende des Tages so beseelt von so viel klugem Austausch und bereicherndem Gespräch, dass Burckhardt die Sache in der kleinen Erzählung *Ein Vormittag beim Buchhändler* festhielt. Sie endet mit dem Satz: »Wie schön war dieser Tag, wie selten kommt so etwas zueinander.« Wäre Burckhardt nicht so großzügig gewesen, für Herrn Rilkes Friseurrechnung geradezustehen – allen dreien wären wunderbare Stunden entgangen.

Mit diesen beiden schönen Friseursalon-Beispielen aus Großherzigkeit, Höflichkeit und – im Falle Humboldts – zurückhaltender Galanterie wollen wir das Kapitel über das Gegenteil von Geiz beginnen. Fast alle Kulturen verabscheuen den Geiz. Der christliche Glaube zählt ihn sogar zu den sieben Todsünden. Die anderen sechs heißen Wollust, Völlerei, Neid, Rachsucht, Hochmut und Trägheit des Herzens. Von denen ist natürlich auch keine richtig erfreulich, aber der Geiz schneidet doch besonders schmerzhaft ins Herz.

Und keine hält wahrscheinlich den Menschen in einem so eisenharten Griff umklammert wie der Geiz. Der Geizige kann nicht aus seiner Haut. Mag der Prasser noch einen Tag der Halbabstinenz einlegen, mag der Rachsüchtige eine milde Minute kennen – der Geizige, und sei er reich, bringt es nicht übers Herz, dem Bettler mehr als zehn Cent zu geben, der Enkelin nicht mehr als zehn Euro. Dem Geizigen bereitet es bereits sichtliches Missbehagen, überhaupt das sorgsam in den Tiefen der Kleidung versteckte Portemonnaie hervorzuholen und zu öffnen. Und weil kein Laster zwanghafter ist als der Geiz, haben Dickens, Molière und Walt Disney den Geizhälsen unvergessliche Denkmäler gesetzt. So herzerwärmend auch Charles Dickens' Weihnachtsmärchen ist – nur im Advent sind die Menschen naiv genug zu glauben, dass jemand wie Ebenezer Scrooge sich tatsächlich ändern könnte. Geiz ist sehr wahrscheinlich der unheilbarste Seelendefekt.

Doch wer den Geiz studieren möchte, muss nicht Dickens lesen, er findet ihn überall im Leben vor, zum Beispiel in fast jedem schwäbischen Restaurant. Da hatte bis dahin diese Gruppe am Nebentisch fröhlich beieinandergesessen, hatte sich freundlich und ausgelassen unterhalten, viel gelacht. Und dann kommt irgendwann, als es spät ist, die Kellnerin zum Kassieren, und diese Menschen mutieren plötzlich zu einem unangenehmen Haufen knickriger Pedanten. Statt dass einer der Herrschaften sagen würde: »Kinder, das war ein herrlicher Abend, die Rechnung geht auf mich!«, zwingt das Kollektiv der Geizhälse die Kellnerin zum langwierigen, komplizierten Auseinanderdividieren, dessen Ergebnisse dann auch noch penibel nachgeprüft werden.

Geht es auch anders? Gottlob, es geht. Es ging zum Beispiel – in relativ willkürlicher Auswahl – bei so unterschiedlichen Naturen wie Franz Beckenbauer, bei Bill Gates, Michael Ballack, Fritz von Metzler und noch etlichen Menschen, für deren Erwähnung hier der Platz nicht reicht.

Man kann gegen Franz Beckenbauer viel einwenden, man mag ihm die mangelnde Sinnhaltigkeit der meisten seiner Äußerungen ankreiden – ein Geizkragen ist er nicht. Und er hängt es auch nicht an die große Glocke, dass er da und dort mit Geld aushilft oder seine frühere Lebensgefährtin Diana Sandmann regelmäßig unterstützt mit monatlich 2000 Euro. Das kann er ja auch locker machen, sagen die Quengler, die selbst nie etwas stiften oder spenden und über die Marie von Ebner-Eschenbach feststellte: »›Man kann nicht allen helfen‹, sagt der Engherzige. Und hilft keinem.« Bill Gates brachte einen beträchtlichen Teil seines Riesenvermögens in eine

Stiftung ein, die für den Kampf gegen Aids oder Tuberkulose mehr Geld einsetzt, als der Staatshaushalt mancher Nation wert ist. Und wenn auch hier wiederum der Einwand kommt, auch nach dieser milden Tat sei Gates ja immer noch unfassbar reich, so lautet der Gegeneinwand, dass genug andere sagenhaft Reiche ihr Geld unschön für sich behalten. Der deutsche Millionenerbe Jan Philipp Reemtsma, ein vielfach mäzenatisch wirkender Förderer nicht nur der Literatur, hat darauf hingewiesen, wie leicht ein Spender zu diffamieren ist – »man muss ihm nur seine altruistischen Motive absprechen und argwöhnen, es stecke etwas ganz anderes dahinter«. Besonders probat sei dabei der Hinweis: »Das kann er doch alles von der Steuer absetzen!« Wohl wahr. Aber »absetzen« heißt ja nur: Von den tausend Euro, die jemand spendet, gehen fünfhundert Euro von seiner Steuerschuld ab, nicht tausend Euro, der Spender schenkt fünfhundert Euro her.

Würde jemand Geld hergeben, um einzig seine Eitelkeit zu bedienen, wäre auch das nicht schlimm, man muss ja die Wirkung bedenken. Noch edelmütiger freilich erscheint in diesem Licht die Großspende Warren Buffetts. Einen Gutteil seines Vermögens, immerhin 30 Milliarden Dollar, brachte der Investor im Jahr 2006 in die Gates-Stiftung ein. Das Bemerkenswerte daran ist nicht allein die gigantische Höhe, sondern der Verzicht, eine Stiftung unter dem eigenen Namen einzurichten.

Michael Ballack ist Profifußballer und gilt schon allein deshalb bei den meisten Intellektuellen als geistig minderbemittelt und moralisch defizitär. Das eine muss so wenig wie das andere stimmen, und immerhin hat Ballack bestätigt (auf Nachfrage, er hat es nicht selbst hinausposaunt), dass er einen Physiotherapeuten, der ihm einst half und der seine Arbeit verloren hat, mit einer monatlichen Gabe unterstützt – er nennt das »eine Sache des Anstands«. Auch der Frankfurter Ehrenbürger Fritz von Metzler ist ein reicher Mann, seine Privatbank befindet sich seit 1674 in Familienbesitz. Die firmeneigene Stiftung unterstützt diverse Projekte wie die Hirnforschung oder die Bekämpfung von Augenkrankheiten bei Kindern, hat aber auch eine besonders pfiffige Rechnung aufgemacht, die »1 + 1 = 3« heißt: Die Stiftung gibt Geld, und wenn es der beschenkten Einrichtung gelingt, noch einmal Spenden in gleicher Höhe auf eigene Initiative einzutreiben, so legt Metzer abermals einen Betrag in Höhe der ersten Tranche drauf.

Und dann gab es noch den deutschen König der Großzügigkeit, den Verleger Axel Cäsar Springer. Gewiss, auch er war ein reicher Mann, aber diesen Einwand kennen wir inzwischen (wer ärmere Helden der Großzügigkeit sucht, findet im Heiligen-Lexikon zahlreiche Beispiele, aber nicht so schillernde wie Axel Springer.) Der Verleger mit dem guten Riecher für den Massengeschmack war jung und schnell zu viel Geld gekommen, vor allem ›Hör Zu‹ und ›Bild‹ waren über Jahre hinweg eine Art Lizenz zum Gelddrucken. Springer wurde der größte Verleger Europas, sicherlich auch der mächtigste, die 68er fanden seine Blätter, vor allem ›Bild‹, reaktionär und blockierten deren Auslieferung. Springers Natur ist komplex und kompliziert, er leidet zeit seines Lebens unter Hypochondrie und für eine Weile unter religiösem Wahn, Phasen von Demut und Größenwahn wechseln sich ab, er nennt sich in Anspielung auf Hitler (der sich »Gröfaz« nennen ließ, den Größten Feldherrn aller Zeiten) »Grövaz«, den »Größten Verleger aller Zeiten«, er ist ein Frauenheld und mehrfach geschieden, er kann Kälte zeigen und tiefste Zuneigung, er findet, ein gewisses Maß an Verehrung stehe ihm zu, er lässt sich als »Herr Verleger« ansprechen. Dann und wann sagt er etwas so Kluges wie: »Erfolg ist eine Eigenschaft.«

Gewiss setzt er seine Großzügigkeit auch manchmal bewusst ein, um Menschen gefügig zu machen. Aber der kritische Springer-Biograph Michael Jürgs und der nicht ganz so kritische Claus Jacobi stimmen darin überein, dass der Verleger auch ein selbstlos generöser Mensch war. Axel Springer gab sein Geld nicht nur öffentlich und schlagzeilenträchtig aus, für Parks und Kinderheime und für Israel. Er war auch dann großzügig, wenn er sicher sein musste, dass es nicht in den Zeitungen stünde, noch nicht einmal seinen eigenen. Jürgs sprach ihm religiöse Motive für seine Großzügigkeit nicht ab: »Wem Gott so viel Gnade erwiesen hat, der muss von seinem Erfolg etwas weitergeben. Daran glaubt Springer.« Und Claus Jacobi stellt fest: »Er schenkte und schenkte und schenkte, Lebensrenten für alte Weggefährten, Geld für unschuldig ins Elend gerutschte Menschen, er schenkte Bücher und Pelze, Grundstücke und Häuser, Uhren, Bilder und Autos.«

Autos besonders gern. Springer bittet, wie Michael Jürgs schreibt, seinen Adlatus Christian Kracht, dem Chefredakteur Hans Bluhm (erst ›Hör Zu‹, dann ›Bild am Sonntag‹) nicht den üblichen Dienstwagen zu besorgen, sondern einen Ford Mustang. Warum? Weil Springer beobachtet hatte, wie Bluhm »den soeben aus den USA eingetroffenen blauen Mustang für Springer-Frau Mausi bewunderte«. Jürgs kennt noch weitere Beispiele: Springer schenkt einem Taxi-Fahrer auf Patmos einen Mercedes, er lässt einem ›Bild‹-Reporter bei seinem Londoner Schneider einen Anzug maßanfertigen oder finanziert der Tochter einer alten Freundin die Ausbildung: »Er hat nie einen vergessen, der ihm mal geholfen hat, der konnte inzwischen sogar ein Kommunist gewesen sein.«

Axel Springer setzte sein Geld freilich auch dafür ein, Frauen zu beeindrucken oder zu verführen. Der Schriftsteller Peter Schneider hat in seinem Buch *Rebellion und Wahn* noch einmal die Geschichte erzählt, wie seine schöne Freundin, die in einem Antiquitätengeschäft arbeitete, im Jahr 1966 eines Tages auf einen besonders distinguierten Kunden traf. Eine Weile hatte er vorm Schaufenster die Ware und wohl auch die Verkäuferin taxiert, dann trat er ein, kaufte reichlich, plauderte freundlich und lud sie in seine Villa ein. Sie hatte ihn als den großen Verleger erkannt, aber nichts gesagt. Sie fand, er habe gute Manieren, erzählte alles ihrem Freund und ging hin.

Spät kehrte sie heim, es sei interessant gewesen, Champagner, Abendessen mit Diener, aber es sei »nichts passiert«. Ein paar Tage später traf ein riesiges Paket ein. Vorsicht: zerbrechlich! Als sie es öffneten, konnten sie sehen, wie viel Springer bereit war, in eine schöne junge Frau zu investieren: Es war ein zwölfteiliges Service der Berliner Königlich Preußischen Porzellan-Manufaktur, edelste Handarbeit, sündhaft teuer. Noch heute schmerzt es jeden Porzellanliebhaber, dass Peter Schneider und seine schöne Freundin es politisch korrekt – an die Wand warfen.

Nicht immer, aber doch auffallend oft paart sich die Eigenschaft der Großzügigkeit mit der Bereitschaft und Fähigkeit, anderen Menschen Vertrauen zu schenken. Heinz Berggruen, der als Jude vor den Nazis emigrierte, ein bedeutender Kunsthändler wurde und seiner Vaterstadt Berlin zu einem Preis weit unter Wert seine Sammlung überließ, hat im Jahr 2005 in der ›Frankfurter Allgemeinen Zeitung‹ eine schöne Geschichte erzählt. Sie handelt von der Großzügigkeit Picassos und Paul Eluards und von dessen Vertrauenskraft.

Picasso (der Menschen, die er nicht mochte, hohe Preise abverlangte) verschenkte dann und wann Bilder an seine Freunde, so an den surrealistischen Dichter Paul Eluard, und nahm es den Beschenkten auch nicht krumm, wenn sie die Werke aus Geldnot verkauften. 1950 musste Eluard sich in einer solchen Lage befunden haben, denn er bot Berggruen seinen Picasso für 5000 Franc an. »5000 Franc schien mir eine korrekte, eher bescheidene Einschätzung – aus heutiger Sicht natürlich grotesk niedrig.« Doch Berggruen hatte in seinen Anfängen als Galerist nicht das Geld.

Der Dichter verschwand noch schnell in eine andere Ecke seiner Wohnung und kam mit einem kleinen, zauberhaften Aquarell Paul Klees zurück: »Wenn Sie den Picasso nehmen, schenke ich Ihnen den Klee.« Nun konnte Berggruen gar nicht anders: »Ich hatte keine Vorstellung, wie ich die 5000 Franc je beschaffen würde, die ich gebraucht hätte, aber in einem Taumel der Begeisterung ließ ich mich hinreißen.« Als der Galerist dann anbietet, in wenigen Tagen mit dem Geld zu kommen und dann die beiden Bilder abzuholen, widerspricht Eluard. Nein, jetzt gleich soll er sie mitnehmen, er vertraue ihm, das Geld werde er schon bringen, wenn er es habe. »Ausdrücklich«, schreibt Berggruen, »möchte ich anmerken, dass es im Kunsthandel keineswegs immer so sanft und generös zugeht, ganz im Gegenteil.«

Mag die Dreingabe des Klee-Bildes auch nicht purer Dankbarkeit entsprungen sein, vielleicht war sie eine Art Lockvogel, weil Eluard das Geld dringend brauchte – seine Bereitschaft, dem Galeristen die zwei Bilder ohne Sicherheit mitzugeben, zeugt aber gerade in einem finanziellen Engpass von enormer Vertrauensstärke: Er gibt das vielleicht ihm einzig zur Verfügung stehende Kapital aus der Hand, weil er einem anderen vertraut.

Übrigens ist die Geschichte gut ausgegangen. Nur ein paar Tage später kam der Galerist Walter Feilchenfeldt in Berggruens Galerie und kaufte den Klee – für 5000 Franc. Heinz Berggruen hat den Picasso niemals einem Kunden angeboten. Aus Dankbarkeit. Er schenkte ihn seiner Frau. Heute hängt er als Leihgabe im Museum. In Berggruens Vaterstadt Berlin.

Zivilcourage lernen mit
Sophie Scholl

»Was seid ihr bloß für Männer?«

Die Frage der jungen Frau in der S-Bahn war berechtigt, ihr Zorn war es ebenfalls. Der kräftige Typ in der Lederjacke, Unterarm tätowiert, höherer Promillewert, saß neben einem eher zarten, eher schüchternen jungen Mann und pöbelte ihn an. Im Abteil mehrheitlich Frauen, vielleicht acht Männer. Die allesamt weiter in ihrer Zeitung lasen, aus dem Fenster in die Dunkelheit der Tunnelröhren stierten oder sich in krampfhafter Konzentration unterhielten. Dann zückte der Mann in der Lederjacke auch noch ein Klappmesser. Spielte mit der Klinge. Hielt sie dem armen jungen Kerl unters Gesicht.

Nach ewigen fünf, sechs Minuten stieg der Messermann aus. Sein davongekommenes Opfer sackte erleichtert auf seinem Sitz zusammen, doch die junge Frau war ehrlich empört: »Was seid ihr bloß für Männer?« Die anwesenden Vertreter des angeblich starken Geschlechts schämten sich.

Und Sie? Hätten Sie dem Lederjackentyp das Klappmesser aus der Hand gewunden, seinen Arm verdreht, ihn beim nächsten Halt im Schwitzkasten bei der Polizei abgeliefert?

Verlangt ja keiner. Aber Sie sind doch wortgewandt. Sie hätten im Abteil doch vielleicht die Stimme heben, hätten ihn vielleicht in ein freundliches, vielleicht sogar anbiederndes Gespräch verwickeln können. Oder hätten sich mit Ihrem Handy in den hintersten Winkel des Abteils verdrückt, leise den Notruf angerufen und die nächsten Stationen durchgegeben, an denen die Polizei hätte zusteigen können. Schieres Weggucken jedenfalls hilft den Opfern nicht. Und hinterlässt auch auf Ihrer Seele Schmutzstreifen von Scham und Selbstverachtung. Wenn es irgend geht, sollte man Mut beweisen. Gerade vor sich selbst.

Wie stets im Leben muss man sich Vorbilder suchen. Sophie Scholl zum Beispiel. Was hatte die junge Widerstandskämpferin verbrochen? Nichts Schlimmeres als Flugblätter zu verteilen, auf denen sie und die anderen Mitglieder der »Weißen Rose« zu einer klaren Ablehnung des nationalsozialistischen Regimes aufriefen. Als sie 1943 zum Tode durch das Fallbeil verurteilt wurde, gingen sie und ihr Bruder Hans aufrecht ihrer Hinrichtung entgegen.

Oder denken Sie an Boris Jelzin. Als 1991 ein heute vergessener Putschist namens Janajew den Präsidenten Gorbatschow vorübergehend stürzte, stellte Jelzin sich den neuen Machthabern entgegen: Er verließ den umstellten Kreml, kletterte auf einen Panzer und rief die heraneilenden Demonstranten zum Widerstand auf.

Bei John F. Kennedy ging es zwar nicht um Leben und Tod. Aber auch er musste Tapferkeit beweisen. Es war im Wahlkampf. Demonstranten hatten sich vor dem Portal des Gebäudes aufgebaut, in dem der junge Senator eine Rede halten sollte. Kennedy hätte den Hintereingang nehmen können. Aber er schritt durch die Reihe der Krawallmacher. Dass eine Kamera die Sache aufnahm, mag seine Tapferkeit noch forciert haben.

Gabriele Mester konnte nicht damit rechnen, dass sie ins Fernsehen kommen würde, als sie an einem Sommertag mit dem Auto unterwegs war. Die Mutter von vier Kindern wollte zur Pferdekoppel. Aus den Augenwinkeln nimmt sie etwas wahr, das andere vielleicht gar nicht registriert hätten. »Irgendetwas stimmt hier nicht«, denkt die Frau, denn neben einem Fahrrad liegt am Feldweg ein Motorrad. Gabriele Mester hält an und steigt aus. Da taumelt ihr ein Mann entgegen, er ist wie von Sinnen. Die Frau läuft in die Richtung, aus der der Mann kam, findet auf dem Feld ein bewusstloses Mädchen von elf Jahren. Sie nimmt das Kind in die Arme. Als es erwacht, stammelt es etwas von einem Traum, in dem ein Motorradfahrer es gewürgt habe. Frau Mester nimmt das Mädchen und bringt es zu ihrem Auto. Als sie an dem Mann vorbeifährt, ganz langsam, prägt sie sich alles ein, seine Größe, seine Kleidung, sein Gesicht. Der Mann wird später festgenommen und zu elf Jahren verurteilt.

Was kam in diesem Moment zusammen, damit ein Mord verhindert wurde? Als Erstes Aufmerksamkeit. Wer helfend einschreiten will, muss zunächst einen wachen Blick haben für brenzlige Situationen. Als Zweites kommt dann jene wahrscheinlich spontan und aus einem Bauchgefühl einsetzende Regung, die eine Mischung ist aus Selbstüberwindung, Gerechtigkeitsgefühl und Empathie. Die Tapferkeit nimmt nach Ansicht des verständlichsten aller deutschen Philosophen, Josef Pieper, »um der Verwirklichung des Guten willen Verwundungen in Kauf«.

Eben weil so viele Menschen feige sind, herzensträge oder gleichgültig, erfreut sich die Tapferkeit seit allen Zeiten und in allen Kulturen größter Beliebtheit. Sie zählt also auch nicht grundlos zu den vier Kardinaltugenden, die da heißen: Klugheit, Gerechtigkeit, Tapferkeit, Maß. Tapferkeit hat viel zu tun mit Angst und ihrer Überwindung. Josef Pieper weiß: »Das Wesen der Tapferkeit liegt nicht darin, keine Furcht zu kennen, sondern darin, sich durch die Furcht nicht zum Bösen zwingen oder von der Verwirklichung des Guten abhalten zu lassen.«

Große Worte, gewiss. Dabei würde im wirklichen Leben doch schon oft der kleinere Bruder der Tapferkeit weiterhelfen, die Zivilcourage. Das Wort geprägt hat übrigens der Eiserne Kanzler Otto von Bismarck. »Mut auf dem Schlachtfelde ist bei uns Gemeingut«, sagte er 1864 im Gespräch mit einem Zeitgenossen, »aber Sie werden nicht selten finden, dass es ganz achtbaren Leuten an Civilcourage fehlt.«

So ist es. Wenn der cholerische Chef vor versammelter Mannschaft den Kollegen herunterputzt, wenn die Mutter im Supermarkt ihr Kind in Grund und Boden schreit, wenn der Kollege den Auszubildenden schikaniert, da wäre ein bisschen Zivilcourage, also Mut im bürgerlichen Leben, nicht schlecht.

Wer sich schwertut mit dem Widerstand gegen einen Machthaber und Vorgesetzten, der kann zu einem einfachen Hilfsmittel greifen. Nämlich der Überlegung: »Was kann mir eigentlich im schlimmsten Falle passieren?« Meist nichts furchtbar Karrieregefährdendes. Und in jedem Falle erwerben Sie sich die Achtung Ihrer Kollegen. Friedrich Merz zum Beispiel wäre wahrscheinlich nicht nach so kurzer Zeit zum Vorsitzenden der CDU/CSU-Fraktion gewählt worden, hätte er zuvor nicht Männermut vor Königsthronen bewiesen: Helmut Kohl, damals auf dem Höhepunkt seiner Macht, hatte die Angewohnheit, Menschen in seiner Umgebung einfach zu duzen. Merz aber verbat sich das. Die Geschichte sprach sich schnell herum, denn solche Tapferkeit flößte allen Memmen, die sich das nie getraut hätten, enormen Respekt ein.

Freilich muss jeder, der sich mit anderen verschwörerisch darauf verständigt, Widerstand gegen einen Mächtigen zu leisten, mit dem Schlimmsten rechnen. Das liegt meist nicht in der wütenden Abwehrreaktion des Angegriffenen, sondern im plötzlichen Verstummen der Verbündeten.

Einer, dessen halbes Leben darin bestand, mit Tapferkeit zu seinen eigenen Vorstellungen und Werten zu stehen, ist der Schriftsteller Walter Kempowski. Sein Rückgrat bewies er ohne Rücksicht auf die Folgen, und als der verstorbene Autor von *Echolot, Tadellöser & Wolf* oder *Uns geht's ja noch gold* in Düsseldorf eine »Auszeichnung für Zivilcourage« erhielt, sagte er in einem Zeitungsinterview: »Es begann in meiner Kindheit und hörte eigentlich nie mehr auf.« Schon weil er in der Hitlerjugend widerständig war, wäre er um ein Haar »in einem Jugend-KZ im Harz« gelandet. 1946 wurde er in Rostock von der Schule verwiesen, weil er sich weigerte, Russisch statt Französisch zu lernen. Als er später Plakate klebte gegen die Unterdrückung der Meinungsfreiheit in der DDR, brachte ihm das acht Jahre Bautzen ein: »Im Gefängnis widersetzte ich mich der Anfertigung von Patronentaschen für die ungarische Armee. Meine Rettung kam erst, als ich in Bautzen den Kirchenchor leiten durfte.«

Wer im Knast gelandet ist, weil er seinen Überzeugungen treu blieb, wer hinter Gittern immer noch bei seinen Überzeugungen bleibt – der ist schon ein wahrer Held der Kardinalstugend Tapferkeit, oder? Walter Kempowski spielt das herunter: »Vielleicht war ich ja auch nur ein Querkopf.«

Das mit der Kardinalstugend kann man übrigens auch wörtlich nehmen. Und es auf Clemens August Kardinal von Galen beziehen. Das war ein sturer Westfale, ein Rechtskatholik und Monarchist, der mit der Weimarer Verfassung wenig an der Mitra hatte. Aber der Bischof von Münster war auch ein tapferer Mann. Früh regte sich sein Misstrauen gegen die Nazis. Als frommer Kirchenmann und autoritär geprägtes Kind seiner Zeit ist er natürlich obrigkeitstreu. Er weiß aber auch, dass Widerstand gegen den Staat dann legitim ist, wenn der sich nicht an das christliche Sittengesetz hält. Als Galen zu dieser Erkenntnis gelangt, wird seine Ablehnung des NS-Regimes immer offensichtlicher. Als er von der Euthanasie erfährt, als ihm berichtet wird, dass Behinderte auf staatliche Weisung hin getötet werden, brandmarkt er das öffentlich und stellt sogar Strafanzeige. In seinen Predigten findet er immer deutlichere Worte und wird bald »Löwe von Münster« genannt. Martin Bormann soll erwogen haben, Galen hinzurichten, doch Goebbels riet davon ab, er befürchtete einen Volksaufstand im wackeren Münsterland. 2005 wurde der mutige Kardinal vom Papst seliggesprochen.

Und Sie? Nein, Sie müssen weder selig noch heilig werden. Aber probieren Sie das mit der Zivilcourage doch einfach mal im Alltag aus. Sie werden sehen: Zivilcourage tut gut. Sie werden sich ein bisschen überwinden müssen. Aber danach geht es Ihnen besser als je zuvor.

Staunen üben mit Einstein

Haben Zwerge Eltern? Wieso kann man die Luft nicht sehen? Tut es Äpfeln weh, wenn sie vom Baum fallen? Warum ertrinken Fische nicht? Wie kann Gott Milliarden Menschen persönlich kennen? Warum stürzen wir nicht von der Erde herunter, wenn sie doch eine Kugel ist?

Das alles sind Kinderfragen. Aber es sind gute Fragen, sie bringen uns zum Nachdenken und könnten uns zum Philosophieren verführen, wenn wir nicht viel zu schnell abwinken würden oder aber uns selbst solche Fragen gar nicht mehr stellten. Nach Aristoteles liegt im Staunen der Ursprung der Philosophie: »Wer fragt und staunt, fühlt sich unwissend. Um also der Unwissenheit zu entkommen, begannen die Menschen zu philosophieren.«

Auch bei Albert Einstein war das so. Früh schon fasste er den Entschluss, Physik-Professor zu werden. Nach dem Studium in Zürich sucht er lange vergeblich nach Arbeit, bis er schließlich als »Experte 3. Klasse« beim Berner Patentamt unterkommt. Seine Arbeit dort hat mit Physik nichts zu tun, mit seinen Theorien beschäftigt er sich in seiner Freizeit.

Müssen wir uns Albert Einstein eigentlich inmitten eines gigantischen Labors vorstellen? War er in einer Art Sternwarte, umgeben von allerhand futuristischer Technik, umzingelt von Milchstraßenkartenlesern? Keinesfalls. Albert Einstein, das Jahrhundertgenie, brauchte lediglich einen Schreibtisch. Der Mann stellte sich Fragen. Er dachte einfach nach. Er war immer auf der Suche: »Das Schönste, was wir erleben können, ist das Geheimnisvolle. Es ist das Grundgefühl, das an der Wiege von wahrer Kunst und Wissenschaft steht. Wer es nicht kennt und sich nicht wundern, nicht mehr staunen kann, der ist sozusagen tot und sein Auge erloschen.«

Ein Wichtigtuer war auch er nicht, so wenig wie viele andere bedeutende Menschen. Er neigte sogar dazu, sein Licht eher unter den Scheffel zu stellen: »Ich habe keine außergewöhnliche Begabung, ich bin nur etwas skeptischer und vielleicht auch etwas neugieriger als andere Leute.« Als zentrales Motiv seiner Erkenntnisse stellte er stets den Forschergeist heraus, die Fähigkeit, sich noch wundern zu können und diese Verwunderung mit hartnäckigem Weiterfragen zu kombinieren. Er führte seine bahnbrechenden Erkenntnisse sogar auf eine gewisse Retardierung zurück: Während ein sich normal entwickelndes Kind irgendwann nach der Einschulung aufhört, sich über die Phänomene der Natur zu wundern, begann Albert Einstein nach eigener Auskunft erst später damit, er hörte also mit dem Staunen einfach nicht auf. Nur nebenbei erwähnt: Ein schlechter Schüler war er nie. Zwar hat er in seinem Schulzeugnis in Aarau in der Schweiz etliche Sechsen. Doch die Sechs ist in der Schweiz die beste Note. Einstein war noch Schüler und sechzehn Jahre alt, als er sich eine kindliche Träumerfrage stellte, die vielleicht in eine Fantasy-Geschichte passen könnte: Was würde eigentlich geschehen, wenn ich einem Lichtstrahl nachjagen könnte? Wenn er sich selbst auf diesen Lichtstrahl setzen könnte, was würde passieren, was würde er sehen? Wie würde sich dieser Lichtstrahl in Raum und Zeit verhalten?

Auch als Erwachsener fragte Einstein nach dem Verhältnis von Raum und Zeit. Dann allerdings mit durchschlagender Wirkung. Seine spezielle Relativitätstheorie entwickelt er 1905 im Alter von sechsundzwanzig Jahren, sie wird das Ende der klassischen Physik bedeuten. Die allgemeine Relativitätstheorie folgt zehn Jahre später. Sie ist 1915 zunächst eine These, eine gewagte Behauptung. Und zwar glaubt der inzwischen in Berlin als Direktor des Kaiser-Wilhelm-Institutes für Physik lebende Gelehrte, das Licht der Sterne werde von der Sonne abgelenkt. Da jeder schwere Körper Raum und Zeit krümmt, muss auch der Lichtstrahl eines Sterns von der Sonne mitgekrümmt werden – Einstein berechnet sogar den Ablenkungswinkel. Er kann dies zwar der Fachwelt schlüssig darlegen, aber noch nicht beweisen.

Die Stunde der Wahrheit kommt mit der Sonnenfinsternis am 29. Mai 1919. Die gibt den Astronomen und Physikern die Gelegenheit, Einsteins kühne These zu überprüfen. Das Ergebnis lautet: Der Winkel stimmt, also auch die Theorie. Einstein hat auf der ganzen Linie recht gehabt, er wird der Erneuerer der Physik, er wird ein Weltstar. Die Masse, die ihm bald zujubelt, versteht zwar nicht recht, was der Mann angestellt hat, sie weiß nur, es muss etwas ganz Großes sein. Charlie Chaplin, ein anderer Star jener Zeit, sagt zu ihm: »Mir wird applaudiert, weil mich jeder versteht, und Ihnen, weil Sie niemand versteht.«

Einstein bewahrte sich nicht nur in seinen Gedankenexperimenten seine Fähigkeit zu kindlichem Staunen, er war auch in der Lage, seine Erkenntnisse auf einfache Art zu erklären. Schon in seine Züricher Vorlesungen kam er mit einem »Redemanuskript« in der Größe einer Visitenkarte und entwickelte seine Gedanken beim Sprechen so anschaulich, dass seine Studenten hinterher den Eindruck hatten, sie könnten alles spielend nacherzählen. Und seinem Sohn Eduard erklärte er die Frucht seiner Erkenntnisse auf ebenso einfache wie verständliche Weise: »Wenn ein blinder Käfer auf einer Kugeloberfläche krabbelt, merkt er nicht, dass der zurückgelegte Weg gekrümmt ist. Ich hingegen hatte das Glück, es zu merken.« Wie groß Einsteins Leistung war, hat Carl Friedrich von Weizsäcker eindrucksvoll bestätigt: Die spezielle Relativitätstheorie habe Einstein wie eine reife Frucht gepflückt. Die Weiterführung zur allgemeinen Relativitätstheorie sei die Jahrhunderterkenntnis gewesen: »Unter allen bekannten großen Theorien der Physik ist sie die einzige, bei der man bezweifeln kann, ob sie bis heute überhaupt gefunden worden wäre, wenn derjenige nicht gelebt hätte, der sie in der Tat gefunden hat.«

Die Kunst des Staunens ist natürlich keineswegs nur den Naturwissenschaftlern hilfreich für weitere Erkenntnisse. Sie ist auch für Maler gut, für Choreographen, für Kabarettisten, für Dichter, für Theaterleute. Wer sich ein wenig Lust am Staunen bewahrt hat, der kann sich als Zuschauer schon mit den einfachsten Mitteln des Theaters verzaubern lassen – vielleicht nur durch eine Person, einen Stuhl, einen Lichtkegel. Die Lyrikerin Hilde Domin hielt noch mit fünfundneunzig Jahren Lesungen ab, reiste innerhalb Deutschlands von Termin zu Termin und sagte lebenszugewandt: »Solange man noch Neugierde in sich hat und staunen kann, ist das Alter egal.«

Schwer vorstellbar auch, dass die Produzenten von Komik auf das Erstaunen als Inspirationsquelle verzichten könnten. Die männliche Verwunderung über Umfänge und Inhalte von Damenhandtaschen reicht Mario Barth für ein halbes Comedy-Programm, und allein die Aussage des Sängers Heino »Ich habe in meinem Haus eine Sauna, aber da war ich noch nie drin. Man sitzt da blöd rum und fängt an zu schwitzen. Was soll das?« ist so dämlich-absurd, dass sich daraus leicht komödiantischer Nektar saugen ließe.

Viele junge Leute haben sich das Staunen aber längst abgewöhnt. Verwunderlich ist dies nicht, denn allein die rasante Schnitttechnik der Video-Clips, das schnelle Anklicken und Wegklicken im Internet verführt zum Wegsehen, zur

Oberflächlichkeit. Nur wahren Meistern der Regiekunst wie Steven Spielberg gelingt es da und dort in ihrem Werk *(E. T., Unheimliche Begegnung der dritten Art)*, ihre Zuschauer wieder das Staunen zu lehren. Jede *Star-Wars*-Episode, jeder *Fluch der Karibik*, fast jedes Manga und selbst noch jede *Harry-Potter*-Verfilmung böten unendlich viel Anlass zum Staunen, aber die Ballung und die Schnelligkeit der staunenswerten Effekte lassen das Wundersame bald zum Normalen werden, das Stakkato der technischen Pointen wird in seiner rauschhaften Vervielfältigung immer wirkungsloser.

Überdies ist »Coolness« gefordert. Aber wer cool wirken will, darf sich nicht erlauben zu staunen. Denn Staunen macht große Augen und vielleicht sogar gerötete Wangen. Es erzeugt naive Fragen, über die andere ja lachen könnten – und das alles ist uncool. Deshalb heißen die Verhinderer des Staunens: »Kenne ich«, »Hab ich schon gesehen«, »Weiß ich doch«. Dabei sind nicht nur die spektakulären Augenblicke, die Feuerwerke, Akrobatiknummern, Zaubertricks und Stunts Anlass zum Mundaufsperren. Jeder Tag gäbe eigentlich viele Gelegenheiten fürs Staunen. Schon mal einer Schneeflocke bei ihrem Tanz zugesehen? Mal ein Modell des Weltalls studiert? Je darüber nachgedacht, welche Art von Wirklichkeit das Internet darstellt, einerseits nicht gegenständlich greifbar, so virtuell und künstlich, andererseits doch so realitätsprall in seinen Anwendungen und Auswirkungen?

Wer die Kunst des Staunens wieder erlernen will, muss nicht ins Kino oder in den Zirkus gehen, seine Alltagswelt bietet ihm Anlässe genug, sich verblüffen zu lassen. Man muss nicht den Unterschied zwischen Schicht-, Haufen-, Feder- und Regenwolken kennen, um eine halbe Stunde lang fasziniert dem Zug und Spiel der Wolken nachzuschauen. Aber dieses Staunen über die seltsamen, sich dauernd verändernden Wesen aus kondensiertem Wasserdampf mag ja der Auslöser sein, sich mit den Dingern etwas näher zu beschäftigen und festzustellen, dass der Internationale Wolkenatlas vier Wolkenfamilien mit zehn Gattungen kennt.

Ja, fast jedes Nachfragen, Wissenwollen, Forschen beginnt mit einem Erstauntsein als Initialzündung. Danach ist viel gründliche Arbeit angesagt und energischer, radikaler Entdeckergeist. Werner Heisenberg, der deutsche Physiknobelpreisträger, hat gesagt, für jede wesentlich neue Erkenntnis werde der Mensch »immer wieder von neuem in die Situation des Columbus kommen müssen, der den Mut besaß, alles bis dahin bekannte Land zu verlassen in der fast wahnsinnigen Hoffnung, jenseits des Meeres doch wieder Land zu finden«.

Der britische Physiker Stephen Hawking vertritt einen ähnlichen Ansatz. Gemeinsam mit seiner Tochter Lucy hat er ein Buch verfasst, das Kindern das Weltall erklärt, sie war für den belletristischen, er für den naturwissenschaftlichen Teil zuständig: »Mein Vater kann sich wunderbar begeistern und teilt diese Begeisterung gern mit Kindern. Er selbst kann Fragen stellen wie ein Kind – denn er sucht nach Fragen, so wie es Kinder tun.«

Aber wie ist es Stephen Hawking, der nicht sprechen kann und bewegungslos an den Rollstuhl gefesselt ist, möglich, ein Buch zu schreiben? Mit Hilfe seiner Augen und seines rechten Wangenmuskels kann er einen Lichtpunkt auf dem Display eines Computers wie einen Cursor steuern und Buchstaben zu Wörtern zusammensetzen, die der Computer in gesprochenen Worten ausspuckt. Dass so etwas möglich ist, darüber dürfen jetzt wir Nichtphysiker und Nichtcomputerspezialisten – einfach nur staunen.

Ein guter Vater werden mit Fürst Rainier

Genies werden nach ihren Leistungen beurteilt. Nach ihren Romanen, Symphonien, ihren Relativitätstheorien und philosophischen Welterklärungsmodellen. Wer *Krieg und Frieden* schreibt, muss nicht auch noch ein netter Kerl sein. Wer *Guernica* malt, den beurteilen wir nicht nach seiner ehelichen Treue.

Aber auch Genies haben Kinder. Und denen ist es keineswegs gleichgültig, ob ihr genialer Vater vielleicht ein garstiger Herr Papa war. Thomas Mann muss gelegentlich gegen die Regeln elterlicher Liebe in einem Maße verstoßen haben, dass er jede Erzieherin von heute in sofortige Schockstarre versetzt hätte. Einst hatte der Literaturnobelpreisträger bei Tisch seine Kinder um sich versammelt, es war zum Dessert nur eine einzige Feige übrig. Tochter Erika erinnert sich: »Es war ganz klar, dass diese Feige zwischen uns Kindern geteilt werden musste. Was tat mein Vater? Er gab mir allein diese Feige und sagte: ›Da, Eri, iss. Man soll Kinder früh an Ungerechtigkeit gewöhnen.‹«

Thomas Mann hat über sich selbst in seinen Tagebüchern geurteilt: »Jemand wie ich sollte keine Kinder haben.« Jemand wie er war jedenfalls seinen sechs Kindern ganz offensichtlich ein sehr unterschiedlicher Vater: liebevoll gegenüber der kleinen Elisabeth, dankbar-respektvoll gegenüber Erika, die ihm nicht erst in seinen späten Jahren zur Stütze und Ratgeberin wurde, verächtlich gegenüber Golo, der den Tod des Übervaters abwartete, ehe er seine eigene literarischhistorische Produktion begann, steinkalt lieblos gegenüber Michael, der darunter litt und seine Beschädigung an die nächste Generation weiterreichte. Dessen Sohn Frido erinnert sich im Gespräch mit Sven Michaelsen: »Das nie verwundene Trauma meines Vaters war, dass er als Kind und Halbwüchsiger sich von seinem Vater total abgelehnt fühlte. Tatsächlich gab es für ihn viel Schweigen, Strenge, Geringschätzung und Jähzorn.«

Kinder, lautet eine kluge Erkenntnis, brauchen unsere Liebe besonders dann, wenn sie sie am wenigsten verdienen. Wenn sie also aufsässig, frech, laut und kratzbürstig sind, verlogen, störrisch, herabsetzend. Denn alle diese Verhaltensweisen haben ja ihre Gründe. Aber das Genie Thomas Mann war wohl nicht in der Lage, diese Mechanismen zu durchschauen. Sein Enkel Frido über seinen Vater: »Das war ein Teufelskreis zwischen den beiden. Aus hilflosem Protest hat er sich danebenbenommen und so ständig neuen Unmut provoziert.«

Geht es noch unbarmherziger? Aber sicher. Väterliche Strenge macht manchmal noch nicht einmal vor dem Tode halt. »Er wollte durchaus nicht, dass ich lese«, erinnerte sich Friedrich der Große, der ja auch einmal klein gewesen war, an seinen Vater. Der trug den Beinamen »Soldatenkönig« und trat seinem musikalisch und literarisch interessierten Söhnlein mit äußerster Strenge entgegen. Er fand dessen Neigungen weibisch. Der kleine Fritz hatte in seiner Not schließlich die Flucht vor der Strenge des Vaters ergriffen, nicht allein, sondern zusammen mit Hans Hermann von Katte, einem gleichfalls musisch interessierten jungen Soldaten, der mit dem kleinen Fritz zusammen diente. Die beiden freundeten sich an (vielleicht hatten sie sogar etwas miteinander), ihre Flucht aber scheiterte, ein Kriegsgericht verurteilte Leutnant von Katte zu lebenslänglicher Haft. Der Soldatenkönig (der

Rechtsstaat war noch nicht erfunden) hob dieses Urteil auf und zwang seinen Sohn, der Enthauptung des Freundes zuzusehen.

Beziehungen zwischen Vätern und Söhnen müssen nicht gar so blutrünstig sein, um dennoch Dauerschäden hervorzurufen. Wer eine Idee bekommen möchte von den tiefen Verletzungen, die ein Leben lang als Wunde schwären, der lese Franz Kafkas *Brief an den Vater*, verfasst im Alter von sechsunddreißig, nie abgeschickt, bis heute ein erschütterndes Schmerzensdokument von Unterdrückung und stummer Auflehnung gegen Drill und Mangel an Lob.

Übrigens können in seltenen Fällen auch Mütter ziemlich hart sein. Karl Lagerfelds Frau Mama, verheiratet mit dem Kondensmilch-Produzenten *(Glücksklee)* Otto Lagerfeld, wollte sich von ihrem Baby nicht die Figur ruinieren lassen: »Meine Mutter weigerte sich, mich zu stillen. Sie sagte: ›Ich habe doch keinen Dosenmilch-Fabrikanten geheiratet, um mir das Dekolleté mit Muttermilch zu verspritzen!‹ Stattdessen bekam ich eben *Glücksklee*.«

Mütter können sogar grausam sein. Michel Houellebecqs Mutter kam in seinem Roman *Elementarteilchen* gar nicht gut weg. Frankreichs erfolgreichster zeitgenössischer Autor beschreibt darin seine unguten Erfahrungen mit der Mutter. Die hatte ihn, als er ein Baby war, an ihre Schwiegermutter abgegeben. Nicht die leibliche Mutter bekam bei der Scheidung das Sorgerecht fürs Kind, sondern der Vater – eine in den sechziger Jahren in Frankreich extrem seltene richterliche Entscheidung. Michel, der dann schließlich in der Obhut seiner Großmutter väterlicherseits aufwuchs, rächte sich, indem er in *Elementarteilchen*« seine Mutter als lieblose Hippie-Frau schilderte, egozentrisch auf der Suche nach »Selbstverwirklichung«. Die Mutter wiederum, inzwischen betagt, rächte sich mit einem eigenen Erinnerungsbuch, in dem sie ihren Michel einen Parasiten und »kleines, eitles Arschloch« nennt. Sollte er sie noch einmal beleidigen, schreibt die ›Frankfurter Rundschau‹, dann werde sie ihm mit einem Stock so heftig »in die Fresse schlagen«, dass keiner seiner Zähne mehr am Platz bliebe.

Nicht alle Mutter-Kind-Beziehungen müssen dermaßen hasserfüllt sein, aber die Neurose kommt zwischen Eltern und Kindern schnell zum Erblühen, die Abhängigkeit währt meist ein ganzes Leben lang. Selbst in sich gefestigte Persönlichkeiten bedauern an ihren sechzigsten Geburtstagen oder der Entgegennahme bedeutender Auszeichnungen, dass ihr Vati dies nicht mehr erleben kann. Herbert Hoover, 31. amerikanischer Präsident, soll in seinem Dienstzimmer vor einem Foto seines Vaters in stummen Dialogen mit dem Verstorbenen seine eigenen Leistungen gepriesen haben – siehst du Papa, was doch noch aus deinem Sohn geworden ist.

Andererseits: Vieles spricht dafür, dass weder Mozart noch Picasso es ohne väterlichen Drill so weit gebracht hätten. Wäre aus Goethe auch ein Genie geworden ohne diesen strengen, bildungsbeflissenen, fordernden Supervater, der ihm des »Lebens ernstes Führen« nahebrachte, ihm Privatunterricht gab? Und, nur nebenbei gefragt: Wieso erziehen dieselben Eltern einen genialen, lebensinteressierten Erfolgsmenschen Johann Wolfgang und gleichzeitig dessen traurige, arme Schwester Cornelia, die mit keinem erkennbaren Talent in die Welt tritt und sie mit siebenundzwanzig nach einem unglücklichen Leben wieder verlässt?

Und warum eigentlich hören wir so selten Bedeutendes von den Nachfahren großer Männer? Kann sich jemand erinnern an die Töchter und Söhne Einsteins, Bismarcks, Rembrandts, Martin Luthers? Eben. Das mag zum Teil an den Genen gelegen haben. Goethe zeugte mit Christiane Vulpius seinen August. Diese Christiane war eine des Schreibens kaum kundige Blumensteckerin aus einfachen Verhältnissen, seinem Freund Schiller, verheiratet mit einer adelsstolzen, förmlichen Gattin, hat er sie nie vorgestellt. Wenn Schiller in Weimar oft tagelang zu Gast war, werkelte Christiane in dem großen Hause irgendwo im Verborgenen.

Die Kinder der Großen mögen aber auch an einem anderen Faktor scheitern: dem Druck, den ein übermächtiger Vater ausübt, meist sicherlich ohne Absicht auch von der Umwelt erzeugt. Sicherlich hat Goethes Mutter Catharina Elisabeth, die »Frau Aja«, es gut mit ihrem Enkel August gemeint, als sie ihm empfahl, seinen Eltern nur recht viel Freude zu bereiten: »Ich weiß aus Erfahrung was das heißt Freude an seinem Kinde erleben – dein Lieber Vater hat mir nie nie Kummer oder Verdruß verursacht – drum hat ihn auch der Liebe Gott gesegnet dass er über viele viele empor gekommen ist – und hat Ihm einen großen und ausgebreitnen Ruhm gemacht – und er wird von allen Rechtschaffenen Leuten hoch geschätzt – da nim ein Exempel und Muster dran.« Wie mag er sich da gefühlt haben, der arme August? Wer sich immerfort ein Vor-Bild nehmen soll, der erkennt bald nicht mehr seine eigenen Konturen. Aus August von Goethe ist dann ja leider auch nicht viel geworden, jedenfalls kein Großer, er starb als Trinker, zwei Jahre vor seinem Vater.

Jetzt aber genug von schlechten Vätern, lasst uns nun endlich gute sehen. Gibt es die überhaupt? Aber ja doch. Und sogar unter den bedeutenderen Männern? Abermals ja. Denken Sie nur an den mexikanischen Gitarrengott Carlos Santana. Nicht nur war er doch eine halbe Ewigkeit mit derselben Frau verheiratet, mit der er drei Kinder hat – Santana gibt auch geldwerte, lebenskluge Tipps für den Umgang mit ihnen. Zum Beispiel: einfach zuhören, nicht unterbrechen, keine Meinung abgeben: »Denn es ist eine große Ehre, wenn zum Beispiel deine Tochter ihr Herz öffnet und sich dir anvertraut, um etwas mit dir zu teilen. Sie will dann nicht meine Meinung dazu, sie will, dass ich zuhöre. Und das bedeutet, dass wir Freunde sind.«

Doch, Achtung! Genau hier lauert eine Falle. Gerade die modernen, liberalen Väter und Mütter von heute träumen davon, ihren Kiddies Freunde zu sein. Irrtum. Riesenfehler. Kinder suchen sich ihre eigenen Freunde, an ihren Eltern wollen sie sich reiben, wollen Vorbilder in ihnen sehen oder es eben anders machen als die Alten. Wer immerfort von seiner Brut geliebt werden will, macht etwas falsch. Wer keinen Vater hatte, der Maßstäbe setzte, hat es im Leben schwer. Robbie Williams, der nur vordergründig als glücklicher Star gelten kann, hat das eindrucksvoll bestätigt: »Ich liebe es, mit ihm zu trinken, aber ich brauche keinen Kumpel, ich brauche einen Vater.«

Fürst Rainier von Monaco dagegen hat seine Vorbildfunktion zeit seines Lebens mit liebenswürdiger Güte verbunden. Jedenfalls wurde er, obwohl seine Stéphanie mit vielen unstandesgemäßen Kellnern, Fischhändlern und Akrobaten stiften ging, mit den wundervollen Worten zitiert: »Ein Kind muss wissen, dass es zurückkehren kann und niemand es ausschimpft.«

Gute Väter schaffen es auch, auf gleichsam lässige Weise und ohne pädagogisches Tremolo ihren Kindern Orientierungshilfen zu geben. Gute Väter wissen auch aus eigener Erfahrung, dass Gardinenpredigten, dass Vorschriften und Gebote wenig ausrichten, dass dagegen das eigene Vorbild Wunder wirkt: Kinder lernen ungern durch Aufforderung, sie ahmen aber schnell nach, was ihnen ihre Eltern vorleben. Das beginnt bei Höflichkeit und Lebensmut und endet noch lange nicht bei der Streitkultur. Ob die »neuen Väter« von heute dagegen besser sind als die Väter vor zwei, drei Generationen, das ist noch die Frage.

Heutige Väter aus der liberalen Mittel- und Oberschicht antworten auf die Frage, wie alt ihr Sprössling sei, sekundenschnell: »Der Niklas ist jetzt elf Monate und neunzehn Tage alt.« Sie pampern ihre Babys mit dem Geschick eines Weltklasse-Jongleurs, sie wissen alles über Fettzellenbildung in den ersten acht Lebensmonaten und führen mit anderen Vätern in der Kantine Diskussionsschlachten über Windelentwöhnung. Wenn die Kinder größer sind, fahren die Väter sie am Wochenende zum Reitturnier, und beinahe hätten sie die Tränen ihrer Tochter mitgeweint, als die für den Abschlussball der Tanzschule nicht ihren Wunschpartner abbekam.

So umwerfend sympathisch diese neuen Väter sind, so liebenswürdig ihre Frauen sich den Töchtern als Freundinnen andienen und den Söhnen als Lebensberaterinnen – ob dieser moderne Kooperations-Stil das bessere Modell ist, diese Frage bleibt offen. Denn den Kindern dieser überaus bemühten Eltern wird tagein, tagaus unausgesprochen der Eindruck vermittelt, das Wichtigste von der Welt zu sein. Ist das gesund? Wäre nicht manchmal die coole Haltung der Mutter von Karl Lagerfeld angebrachter? Offenbar dankbar erinnert sich der Couturier: »Mit Erziehung wurde ich nie belästigt. Meine Mutter sagte nur: ›Wenn du mir auf die Nerven fällst, kommst du ins Internat!‹ Mehr an guten Ratschlägen war nicht.« Und wollen Kinder sich nicht auch ärgern über Eltern, sich an ihren gegensätzlichen Lebensentwürfen abarbeiten, zählt Reibung nicht zu den Voraussetzungen der Häutung? Man wird sehen, was aus diesen Kindern geworden ist, in ein bis drei Generationen.

Bis dahin wird sich eines sicherlich nicht ändern: dass es einen Unterschied zwischen Mutter- und Vaterliebe gibt. Väter neigen auch heute noch dazu, ihre Zuneigung zu den Kindern von deren Wohlverhalten abhängig zu machen, Mütter verschenken ihre Liebe dagegen: Die Liebe der Mutter ist die einzige, die wir uns im Leben nicht verdienen müssen, sie fällt uns gleichsam aus dem Schoß in den Schoß.

Manchmal lässt das Schicksal auch junge, liebende Mütter sterben. So wie Peter Boenischs junge Frau Julia. Mit einundsiebzig war der frühere Regierungssprecher und *Bild*-Chefredakteur Vater geworden, mit siebenundsiebzig wurde er Witwer. Schloss das aus, dass er ein guter Vater wurde? Nein. Zwar fand er es anstrengend – »dieses 200 Mal Papa in drei Minuten« – aber er versuchte doch, seinen kleinen Mädchen ein guter Papa zu sein. Was er dem *Stern* vor seinem Tod sagte, könnte vielleicht allen anderen Papas ein kleiner Ansporn sein: »Es ist mein größter Fehler, dass ich es nicht geschafft habe, Kinder und Karriere zur gleichen Zeit zu haben.«

Kritik ertragen mit Heinrich Mann

Am 5. Dezember des Jahres 1903 schreibt Thomas Mann an seinen älteren Bruder Heinrich einen Brief, der sich gewaschen hat. Thomas, der spätere Nobelpreisträger und lebenslang »hartnäckige Villenbesitzer« (Bert Brecht), äußert sich darin über Heinrichs neuen Roman *Die Jagd nach Liebe*. Bitte versetzen Sie sich einen Moment lang in Heinrichs Lage, stellen Sie sich bitte vor, Sie seien wie er ein Schriftsteller und Ihr ganzes Sein und Wesen hänge also an der Anerkennung Ihrer Arbeit. Und dann müssten Sie aus der Feder Ihres eigenen Bruders die folgenden Worte lesen: »Alles ist verzerrt, schreiend, übertrieben.« Und: »Diese verrenkten Scherze. Diese wüsten, grellen, hektischen, krampfigen Lästerungen der Wahrheit.« Und auch noch: »Was du machst, ist krank.«

Wie würde es Ihnen an Heinrichs Stelle ergehen? Sie wären am Boden zerstört? Zu Recht. Aber Heinrich rappelte sich auf, sein Antwortschreiben ist nicht erhalten, wohl aber die Erwiderung des kleinen Bruders, der zurückruderte und seine Kritik zu relativieren versuchte. Dass Heinrich seine Bücherproduktion fortsetzte, dass er sich nicht die Kugel gab, ist ein kleines Wunder: »Dass Heinrich weiterlebte nach dieser brüderlichen Hinrichtung«, schreibt Wolf Schneider in seinem Buch *Große Verlierer*, »dass er das Schreiben nicht aufgab, das war vielleicht die größte Leistung seines Lebens.«

Eben. Die Redensart von der »vernichtenden Kritik« ist nicht grundlos in den allgemeinen Sprachschatz eingegangen: Wörter sind scharfe Schwerter, sie können manchmal tiefere Wunden schlagen als Klingen. Der amerikanische Qualitätsautor Philip Roth hat einmal gesagt: »Früher oder später kommt für jeden Schriftsteller der aus zwei- oder drei- oder fünftausend Wörtern bestehende Peitschenhieb, an dem er nicht bloß die üblichen 72 Stunden, sondern sein Leben lang zu würgen hat.« Sein deutscher Kollege Martin Walser hat dies im Gespräch mit Sven Michaelsen bestätigt: »1976 schrieb Reich-Ranicki über meinen Roman ›Jenseits der Liebe‹: Es lohnt sich nicht, auch nur eine einzige Seite dieses Buches zu lesen.« Er habe diese Rezension bei einer Zugfahrt gelesen, erzählt Walser, noch immer könne er rekapitulieren, wie das Wetter damals war, er erinnere sich an diesen Augenblick genau: »Das war damals schmerzlicher, als ich es Ihnen hier zu Protokoll gebe.« Immerhin ist er nicht in Tränen ausgebrochen: Keira Knightley soll nach einer Kritik im ›New York Statesman‹ an ihrer schauspielerischen Leistung als Lapdancerin in Domino vierundzwanzig Stunden geweint haben. Vierundzwanzig Stunden!

Wie aber geht man mit solch verletzender Kritik um? Muss sie wirklich ein Leben lang an einem nagen? Grundsätzlich gibt es da zwei Techniken: Fliehen oder Standhalten. Vom deutschen Ex-Bundeskanzler Helmut Kohl war bekannt, dass er negative Kritik einfach ignorierte, er las angeblich nie den ›Spiegel‹ und riet auch Parteifreunden, böse Artikel nicht zur Kenntnis zu nehmen. Boris Becker soll sogar in der Lage sein, sich über böse Kritiken lustig zu machen. Philip Roths amerikanischer Landsmann John Updike, auch er ein literaturnobelpreiswürdiger Schriftsteller, hat dagegen seine eigene Technik des Standhaltens und Abhakens entwickelt: »Negative Kritiken einfach zu ignorieren hat leider etwas Künstliches. Das ist, als würde man im Umkleideraum weghören, wenn andere über einen reden. Meine Erfahrung ist, dass Verrisse ihren vergifteten Stachel verlieren, wenn ich sie ausschneide und säuberlich in einem Aktenordner abhefte.«

Diese Methode der Kritikverdauung ähnelt einer anderen. Man könnte sie die Tagebuchtechnik nennen. Für sie gilt, dass jedes Ärgernis seltsamerweise etwas von seiner Schmerzenskraft verliert, wenn man es nur schriftlich festhält. Indem man in Worte kleidet, was einen bekümmerte, verletzte oder bedrängte, beginnt der seelische Verdauungsvorgang. Schon Goethe fand, dass jeder Schmerz beinahe automatisch nachließ, solange man ihn erst einmal in Worte gekleidet hatte.

Manchmal aber hilft gegen Kritik auch die Auflehnung, manchmal darf man getrost auf die Palme gehen, wenn man Kritik als ungerecht empfindet. Der durch das Medikament Contergan geschädigte Wunderbariton Thomas Quasthoff (unsentimentale Selbstbeschreibung: »Ich bin 1,20 Meter groß und habe keine Arme«) musste hinnehmen, dass er trotz seines großen Talents als junger Mann an der Musikhochschule Hannover mit dem Argument abgespeist wurde: »Ohne Arme können Sie ja leider nicht Klavier spielen.« Er machte das Beste daraus und nahm Privatunterricht, den er im Rückblick auch für viel effizienter hält, seiner Karriere jedenfalls hat er nicht geschadet. Einmal aber riss auch ihm die Hutschnur: »In Nürnberg stand mal in der Zeitung: ›Der behinderte Zwerg Quasthoff hinkt auf die Bühne.‹ Das hat mich so böse gemacht, dass ich das erste und einzige Mal bei einer Zeitung angerufen habe.«

Während die Kritik an Behinderungen sich für jeden anständigen Menschen verbietet, während ordentliche Eltern ihren Kindern früh einimpfen, dass man über nichts meckern darf, wofür ein Erdenbürger nichts kann (schielen, stottern, hinken), müssen Menschen, die sich wie Thomas Quasthoff mit künstlerischen Leistungen in die Öffentlichkeit drängen,

Kritik ertragen lernen. Nirgendwo sonst (außer im Sport) fällt die Leistungskontrolle so hart aus wie in der Kunst. Wer als Pianist, Geigerin, Dirigent, Tänzerin, Maler oder Schauspielerin Erfolg haben will, muss sich von Anfang an darüber klar sein: Es zählt nur die Leistung.

Auch wer als Unternehmensführer, als rhythmische Sportgymnastin oder als Fernsehkoch nach Prominenz strebt, muss vor allem eines sein: kritikresistent. Wenn unsereins durchs Examen fällt, so erfahren das Angehörige, Freunde und Bekannte – wenn es hoch kommt, also dreihundert bis fünfhundert Personen. Prominente scheitern jedoch immer vor aller Augen, egal, ob sie sich um den Großen Preis der Volksmusik bewerben oder um die Goldmedaille beim Olympischen Zehnkampf oder um das Amt des Bundeskanzlers. Wer als Spitzenkandidat bei der Bundestagswahl durchfällt, scheitert vor Abermillionen im In- und Ausland, seine Niederlage geht sogar in die Annalen ein, noch seine Enkel können die Schmach nachkosten.

Einen ersten Geschmack von solch negativer Erwähnung und Behandlung bekommen auch schon die meist unbedarften Kandidatinnen und Kandidaten von Knallsendungen wie *Deutschland sucht den Superstar*, wenn sie sich von Dieter Bohlen sagen lassen müssen: »Deine Stimme reicht vielleicht zum Eierabschrecken.« Oder noch direkter: »Du singst scheiße.«

Da jede Medaille zwei Seiten hat, müssen wir hier aber auch die Kritiker vor Kritik in Schutz nehmen. Was ist die Aufgabe, die Pflicht des Kritikers? Kritik zu üben. Täte er es nicht, wir alle wären unzufrieden. Denn vom Kritiker fordern wir, dass er uns davor warnt, schlechte Bücher und Platten zu kaufen oder langweilige Inszenierungen anzuschauen. Er soll loben, was gut ist, und tadeln, was nichts taugt. Einer, der es wissen muss, der sogenannte Literatur-»Papst«

(was für ein doofer Begriff!) Marcel Reich-Ranicki, hat das so ausgedrückt: »Deutlichkeit ist die Höflichkeit der Kritiker.« Daran ist viel Wahres. Beobachten Sie sich selbst beim Lesen der lauen Besprechung eines Films oder eines Romans. Sie werden schnell ungeduldig werden und dem Rezensenten vorwerfen, dass er Sie weder abschreckt noch entflammt. Und vor allem eines fordern Sie vom Kritiker: absolute Unbestechlichkeit! Denn Sie wollen weder den Gedichtband der Geliebten des Kritikers aufgeschwatzt bekommen noch das Theaterstück von dessen Rivalen verrissen sehen, Sie wollen die pure Unabhängigkeit des Urteils.

Sie selbst sind jetzt eigentlich ganz froh, kein Kritiker zu sein? Da irren Sie aber! Jeder Mensch ist ein Kritiker. Jeder kritisiert fortwährend und fast jeden Tag – seinen Mann, seine Ehefrau, seine Kollegen, seine Mitarbeiter, seine Kinder, seine Vereinskameraden, seine Freunde. Und da schadet es nichts, ein paar wenige Grundregeln zu befolgen. Die erste lautet: Da wir alle ungern kritisiert werden, sollten wir auch andere nur sparsam dosiert kritisieren. Dabei gilt die einfache Faustregel: Eine Kritik wiegt so schwer, dass man sie erst mit dreimaligem Lob neutralisiert.

Die zweite Empfehlung an uns Laien-Kritiker heißt: Kritisieren Sie konkret, nicht allgemein, der Tadel sollte nie der ganzen Person gelten, sondern nur der einzelnen Handlung oder Unterlassung. Sagen Sie Ihrem pubertierenden Sohn mit den drei Fünfen auf dem Zeugnis also getrost: »Du könntest ruhig mal etwas fleißiger für die Schule sein.« Aber bitte nicht: »Du bist ein Versager.«

Der dritte Rat ist so simpel, dass man sich wundert, warum er nicht öfter befolgt wird: Wann immer Sie etwas Negatives über einen anderen Menschen denken, zögern Sie mit der Äußerung dieses Gedankens. Fragen Sie sich, ob Sie ihn wirklich unbedingt aussprechen müssen. Oder ob sich die Welt nicht ein kleines bisschen weniger verdüstert, wenn Sie es nicht tun. Umgekehrt werden Sie Ihren Mitmenschen einen Gefallen erweisen, wenn Sie sich ein einfaches Prinzip zu eigen machen: Wann immer Sie etwas Positives über jemanden denken, sprechen Sie es aus, erzählen Sie es ihm! Glauben Sie es: Das macht dem anderen gute Laune. Ihnen aber auch.

Lebenskünstler werden mit Gunter Sachs – und Ihnen!

Am Ende dieses Buches sind einmal nicht so sehr »große« prominente Vorbilder an der Reihe, sondern es geht um Sie! Wer hindert Sie eigentlich daran, aus Ihrem Leben ein Kunstwerk zu machen, warum werden Sie keine Lebenskünstlerin, kein Lebenskünstler?

Natürlich kann man die Sache auch so pessimistisch betrachten wie der Dramatiker Jean Anouilh: »Die wahren Lebenskünstler sind bereits glücklich, wenn sie nicht unglücklich sind.« Doch obwohl das Scheitern dem Menschen (Erbsünden-Alarm!) geradezu in die Wiege gelegt wurde, schaffen einige wenige Individuen es dennoch, Lebenskünstler zu werden. Vielleicht auch deshalb, weil sie sich ein gelegentliches Scheitern verzeihen.

Aber was ist das eigentlich – ein Lebenskünstler? Leider ist der Begriff in der Alltagssprache etwas entwertet: Als Lebenskünstler gilt oft derjenige, der sich durchlaviert, der den Werten der Mehrheitsgesellschaft ein Schnippchen schlägt, mit vierzig seine Berufsunfähigkeitsrente aus Deutschland als Tennislehrer auf den Bahamas verzehrt. Aber die Lebens-Kunst, *ars vivendi*, hat schon die Denker der Antike beschäftigt.

Für den Normalmenschen reichen zur Normalzufriedenheit sicherlich vier Faktoren: Gesundheit, materielles Auskommen, die richtige Partnerwahl und Zufriedenheit im Beruf. Aber jemand, der den passenden Partner fand und sich erhielt, der den rechten Beruf ergriff, der gesund ist und es zu hinreichender materieller Sicherheit brachte, den dürfen wir noch lange keinen Lebenskünstler nennen.

Wer als Lebenskünstler gelten will, der muss noch mindestens drei Fragen beantworten können:

Erstens: Wie erzeuge ich in mir Dankbarkeit?

Zweitens: Wie erzeuge ich Frustrationstoleranz?

Drittens: Wie verschaffe ich mir viele punktuelle Glücksgefühle, die in der Summe zu dauerhafter Zufriedenheit führen?

Beginnen wir bei der Dankbarkeit. Nur ein stumpfes, unbewusstes, aber kein dauerhaftes, erfahrendes Lebensglück ist denkbar ohne Dankbarkeit. Weil jeder vernünftige Mensch wissen muss, wie gefährdet jedes Glück ist. Durch Krankheit, Tod, Verlassenwerden und weitere zehntausend Missgeschicke. Leider ist es ja so: Gesundheit definiert sich erst durch Krankheit. Selbstredend ist man nach einer überstandenen Krankheit glücklich wie Herbert von Karajan nach einer neunstündigen Rückenoperation: »Ich sehe die Dinge nun ganz anders. Ich weiß jetzt, dass Gesundheit keine Selbstverständlichkeit ist. Jeder Tag ist ein Glücksfall. Ich genieße dieses Glück, ich genieße jede einzelne Handlung, jeden Bissen Brot, jeden Blick aus dem Fenster. Das Leben ist wieder ein Abenteuer.« Aber dies ist ja keine Geheimerkenntnis. Jeder halbwegs vernunftbegabte Mensch könnte sich doch, ehe er neun Stunden lang operiert werden muss, dieses Wissen längst zu eigen gemacht haben – dass jeder Tag ein Geschenk ist, dass jeder Bissen, jeder Schritt, jedes Lachen eine Quelle tiefer Freude sein können.

Aber ganz offensichtlich enthält Dankbarkeit keine Konservierungsstoffe, sie verfliegt fast so schnell wie Parfüm. Wenn also Dankbarkeit nicht jederzeit automatisch herstellbar ist – der für die Bedürfnisse des Menschen gar nicht so weltfremde Kirchenkalender enthält ein Erntedankfest – dann sollte sie sozusagen turnusmäßig herbeigeführt werden. Etwa durch einen Fragebogen, den sich der Mensch ganz insgeheim selber vorlegen mag. Nicht täglich, aber auch nicht nur im Jahresrhythmus. Denn wir gehen zur Vorsorge, wir bringen unser Auto zur Inspektion, wir überprüfen regelmäßig unsere Geldanlagestrategie – aber wir vergessen, nach den Gründen für Dankbarkeit zu fragen. Ein etwas schlichtes, reformpädagogisches Kirchenlied heißt »Danke«. So einfach gestrickt der Text auch ist – er zeigt doch ganz gut, wofür wir dankbar sein können: für einen guten Morgen, für jeden neuen Tag, den wir erleben dürfen, für gute Freunde, für die Arbeitsstelle, für die Musik. Jeder kauft bei unterschiedlichen Glücksfabrikanten, wahre Dankbarkeitsfans erfreuen sich schon an den Glücksquellen des Atemholens oder Kinderlachens, etwas härtere Fälle seien auf die Ergebnisse der wissenschaftlichen Glücksforschung verwiesen, die festgestellt hat, dass die großen vier Erfolgsrezepte auf so banale Bezeichnungen hören wie Hoffnung, Liebe, Neugierde und – Dankbarkeit. Dankbarkeit also ist nicht nur wichtig, sie ist wohl auch ein Stück Arbeit. Sie bedarf des festen Rhythmus der Erinnerung und des Trainings.

Auch die zweite Frage, die nach der Frustrationstoleranz, lässt sich relativ leicht beantworten – mit einer Operettenweisheit aus der *Fledermaus*: Glücklich ist, wer vergisst, was doch nicht zu ändern ist.

Natürlich können Sie sauer sein, dass es jetzt schon den dritten Tag hintereinander regnet. Aber Sie werden es nicht ändern, außer für sich selbst ganz persönlich, falls Sie nämlich Zeit und Geld haben, sich an einen Ort zu begeben, an dem die Sonne scheint. Doch obwohl dies unbestreitbar so ist, beklagen Millionen von Menschen die Tatsache, dass es regnet. Sie regen sich über das Unabänderliche auf, anstatt ihre Energie ins Veränderbare zu stecken.

Genau betrachtet stimmt der Satz aus der Operette nicht. Wer vergisst, was er nicht ändern kann, wird dadurch noch lange nicht automatisch glücklich. Aber der Kern der Sache ist getroffen, weil solches sich Dreinschicken ins Unveränderbare erst die Grundlage für das Glück zementiert: Wer sich nur grämt über Regenwetter, Krankheit, Armut oder körperliche Entstellung, der kommt nicht weiter mit seinem Leben.

Die dritte Frage, wie verschaffe ich mir viele punktuelle Glücksgefühle, die in der Summe zu dauerhafter Zufriedenheit führen, ist vielleicht am schwierigsten zu beantworten. Die beiden ersten Fragen aber ragen zwingend in diesen Komplex hinein, denn ohne Dankbarkeit und Frustrationstoleranz lässt sich auch keine augenblicksaddierte Zufriedenheit im Hier und Jetzt erzeugen. Es muss noch etwas hinzutreten für ein geglücktes Dasein. Dazu zählt vielleicht auch der Verzicht auf das ganz bewusste, manchmal ins Krampfhafte spielende Suchen nach dem Glück: »Man ist nie unglücklicher«, sagt Wolfgang Joop, »als in der Zeit, in der man das Glück sucht.« Und schon Wilhelm von Humboldt wusste: »Die meisten Leute machen sich selbst bloß durch übertriebene Forderungen an das Schicksal unzufrieden.«

Überdies wird die Lebens-Kunst erschwert durch ein schiefes Verständnis der Arbeit. Dabei ist ein Begriff in Mode gekommen: Life-Work-Balance. Jeder ahnt, was damit gemeint sein könnte: Leben und Arbeiten sollen sich in vernünftiger Balance halten. Wer nur arbeitet, verpasst das Leben. Und wer nur lebt, ohne zu arbeiten, dem wird es an Verwirklichung mangeln (und meistens an Geld). Aber Life-Work-Balance ist kein treffender Begriff. Denn er würde ja bedeuten, dass Arbeiten kein Leben ist. Doch genau da schlummert ja das Problem: Auch wenn wir arbeiten, leben wir. Im Normalfall verbringen wir ein Drittel unserer Tageszeit mit Arbeit. Und das soll kein Leben sein? Und was tun die Menschen sich selber an, die schon ein halbes Leben lang ihrem Ruhestand entgegenfiebern?

Der Begriff der Arbeit ist von jeher janusköpfig. Als Belastung, Pein und notwendiges Übel wird sie ebenso oft begriffen wie als Chance, Wohlstandsquelle und Verwirklichungsglück. Goethe hat sich im *Faust* auf die Suche nach dem Glück gemacht, hat seinen Helden sogar einen Pakt mit dem Teufel eingehen lassen und kam zu der Erkenntnis, der Samen des Glücks gedeihe auf zweierlei Äckern: in der Vorfreude und der Tätigkeit.

Wen aber finden wir als Modell für praktizierte Lebenskunst? Welche Eigenschaften müsste er haben? Genügt er den Anforderungen an Dankbarkeit, Einsicht ins Unabänderliche und an die Lust an der Verwirklichung? Hat er viel Spaß im Leben mit dauerhaftem Glück in der Partnerschaft, mit einem harmonischen Familienleben verbinden können? Kann er genießen, ohne sich in Sucht und Abhängigkeit zu begeben? Ist er der Freundschaft fähig, auch der dauerhaften? Mag er sich selbst, ist er sein eigener Freund? Gibt es solche Menschen überhaupt? Ja. Gibt es. Sie heißen zum Beispiel Gunter Sachs.

Der Einwand, mit so viel Geld im Rücken sei ein halbwegs geglücktes Leben ja ein Kinderspiel, zieht nicht. Der Gegenbeweis sind viele verbiesterte, unglückliche Millionäre. Aber natürlich erweitert Reichtum das Spektrum der Betätigungsfelder ungemein. Und materielle Sorgen – Hauptbeschwernis so vieler Menschen – entfallen bei einem wie ihm.

Gunter Sachs hat aber keinen faltenlosen Lebenslauf, tragödienfrei und unbeschwert. Die Scheidung der Eltern führte zur Trennung vom Vater, der sich später wegen Depressionen in seinem Jagdschloss erschoss. Sachs' Ruf als

Playboy war zwar nicht unbegründet – acht, neun Jahre ging er keinem Vergnügen aus dem Wege, erweckte das einstige Fischerdorf St. Tropez zum Leben und heiratete zum Stolz der Deutschen Brigitte Bardot, da war der Zweite Weltkrieg endgültig zu Ende –, doch zu diesem Zeitpunkt hatte er schon ein Studium der Mathematik und Ökonomie sowie einige Praktika hinter sich. Und um die gemeinsam mit seinem älteren Bruder geerbte Firma Fichtel & Sachs kümmerte er sich immerhin achtzehn Jahre. Er saß zwar nicht dauernd hinterm Schreibtisch, doch er ließ sich täglich über das Wichtigste informieren, auch diese Art, Arbeit und Vergnügen fein zugunsten der Lebensfreude zu dosieren, würde nicht jeder hinbekommen.

Den Verkauf des Unternehmens von 1976 an in mehreren Aktienpaketen – Gunter Sachs ist zu diesem Zeitpunkt dreiundvierzig Jahre alt – bezeichnet er heute neben seiner Partnerwahl als die beste Entscheidung seines Lebens.

Ein paar Jahre als »arbeitender Playboy«, dann mit Mitte vierzig Milliardär ohne Verpflichtungen: Viele an seiner Stelle wären jetzt als Edelversion des »Sofortrentners« nur noch zwischen Gstaad, St. Moritz, Sardinien, New York und Paris unterwegs gewesen, hätten zu Gelagen auf ihre Yachten geladen, hätten sich wie viele andere Reiche in ihren Palästen im Tessin dem Suff ergeben oder wären bestenfalls mit einer etwas höher gebildeten Entourage in Bayreuth oder an der Met eingefallen. Gunter Sachs aber hört nicht auf anzufangen, er wird Fotograf, Dokumentarfilmer, Kunstsammler. Dass das Sammeln bei ihm nicht der klassischen Attitüde reicher Leute unterliegt, die mit Berater und Scheckbuch auf Auktionen die schlechter verdienenden Bieter wegschießen, sieht man daran, dass schon der junge Mann in Paris für wenig Geld Bilder von Yves Klein kaufte, die heute das Tausendfache des Anschaffungspreises wert sein dürften. Und 1972 erwarb er in einer Galerie aus Taktgefühl Werke von Andy Warhol, weil bis dahin neben keinem Bild ein roter Punkt geklebt hatte, und aus dem Freundschaftsdienst wurde dann auch noch ein sehr gutes Geschäft.

Sachs, seit fast vierzig Jahren mit derselben Frau verheiratet, hat es inzwischen nicht nur zu einem der bedeutenden Sammler zeitgenössischer Kunst gebracht, er macht als Fotograf auch selbst welche. Als anerkannter Lichtbildner zeigte er seine Werke in zahlreichen Ausstellungen und veröffentlichte drei Bildbände. Seine ethnologischen Dokumentarfilme aus den Sechzigern bekamen alle das »Prädikat Wertvoll«. Er steckt eine Menge Geld in die Erforschung des Wahrheitsgehaltes der Astrologie. Und dass er auch noch die medizinische Forschung unterstützt, erfahren wir in der Regel nicht aus der Presse, sondern von Thomas Gottschalk, der ihm zum Fünfundsiebzigsten in der ›Weltwoche‹ ein warmherziges Porträt widmete: »Ich habe in den zwanzig Jahren, in denen ich Gunter kenne, keine einzige Geste der Überheblichkeit an ihm bemerkt.« Um die Sache und den Mann beinahe unheimlich perfekt zu machen – Gunter Sachs ist auch nicht frauenfeindlich. Gottschalk: »Der Möchtegernplayboy schnippt mit dem Finger, wenn's um Frauen geht, Gunter verneigt sich vor ihnen. Ich habe in unseren Gesprächen über das andere Geschlecht, und davon gab es viele, keine einzige hämische, despektierliche oder anzügliche Äußerung über Frauen von ihm gehört.«

Es lassen sich für Menschen, deren Leben so ausbalanciert ist, dass man es ein Lebenskunst-Werk nennen darf, sicherlich auch Gegenfiguren zu Gunter Sachs finden. Goethe zum Beispiel könnte einem einfallen. Nicht nur, weil er ein unvergleichliches Werk schuf, aber das taten Bach und Wagner, Rembrandt und Michelangelo auch. Aber Goethe wurde bei leidlicher Gesundheit für seine Zeit ungewöhnlich alt, er erntete anders als viele seinen Ruhm schon zu Lebzeiten, er hatte Erfolg bei den Frauen, war nicht nur Dichter, sondern auch Naturwissenschaftler und Minister, erlebte ein reflektiertes, oft von Dankbarkeit geprägtes Leben mit zahlreichen Höhepunkten, er konnte dem Leben dessen »gute Seiten abgewinnen«, sogar Marx und Engels hielten ihn für den größten Deutschen – lauter Gründe, ihm ein geglücktes Leben zu unterstellen. Ja, man könnte Goethes Wandeln auf Erden geradezu als die Vereinigung jener drei prinzipiellen Wege zum Glück begreifen: die hedonistische, die sinnerfüllte und die tätig sich selbstverwirklichende Strategie.

Der ernsthafte Versuch, Lebenskunst zu definieren, wurde von zahlreichen Philosophen von den Stoikern über Montaigne bis zu Schopenhauer und Foucault unternommen. Die Stoiker zum Beispiel empfahlen das »einstimmige« Leben, also die Übereinstimmung von Wollen und Können. Die sprichwörtliche »stoische Gelassenheit« aber, die Ausgeglichenheit durch die Beherrschung der Affekte, ist zwar ein hübsches Modell, aber lebenspraktisch in einer engagierten Berufskarriere doch kaum zu verwirklichen und politisch auch nicht wirklich wünschenswert, denn weder die Aufklärung noch die Französische Revolution, noch der Fall der Mauer 1989 wären durch Gelassenheit erreicht worden.

Vom stoischen Modell freilich kann man sich abschauen, dass auch lange Reisen mit kleinen Schritten der Gelassenheit beginnen. Auch der Weg zum geglückten Leben besteht aus lauter konkreten Taten. Goethe 1799 an Schiller: »Ich nutze meine Tage, so gut ich kann, und setze wenigstens immer einige Steine im Brette vorwärts.«

»Man ist halt Mensch und macht vieles falsch.« Sagt nicht nur Herbert Grönemeyer, das Scheitern ist Teil jeden Lebens. Schlimm ist das nicht. Wie oft mag ein Kleinkind hingefallen sein, ehe es perfekt läuft? Wie oft wurden die Wörter zu kleinen Katastrophen, ehe das Sprechen gelang? Wie oft scheitert auch der erwachsene Mensch? An beruflichen Aufgaben, an privaten Beziehungen, an sich selbst?

Vielleicht die pessimistischste, aber auch die humanste Idee, das Leben anzupacken und so etwas wie die Lebens-Kunst zu suchen, stammt von Samuel Beckett. Sie eignet sich auch nicht schlecht als Schlusswort für dieses Buch. Sie lautet:

»Scheitern. Wieder scheitern. Besser scheitern.«

Dank

Ich danke besonders herzlich Sven Michaelsen, der mir die Genehmigung gab, aus seinem wunderbaren Interview-Buch *Starschnitte* zu zitieren, ohne jeweils darauf hinweisen zu müssen. Es ist im September 2006 im DuMont Verlag erschienen, kostet 19,90 Euro und sei hier nachdrücklich zur Lektüre empfohlen. Für sachliche und redigatorische Hinweise danke ich Dr. Matthias Alexander, Dr. Matthias Göritz, Teresa Habild, Dr. Kai Lückemeier, Dr. Henning Oetjen, Dr. Günter Paul, Silke Scheuermann, Carina Schwarz, Dr. Wolfgang Storz und Katharina Wiegert sowie für seine Hilfsbereitschaft Thomas Bader von der Buchhandlung zum Wetzstein in Freiburg. Einige der Kapitel dieses Buches waren in leicht veränderter Form zuvor in der Zeitschrift ›*Best Life*‹ erschienen, dessen ehemaligem Chefredakteur Dr. Frank Hofmann ich für die professionelle, stets angenehme Zusammenarbeit danke.

Namenregister

Robert Gernhardt
Denken wir uns
Band 17671

Mit seinem letzten abgeschlossenen Werk legt Robert
Gernhardt wunderbar leichte Erzählungen vor, die sein
unerschöpfliches komisches Talent noch einmal demon-
strieren. Entstanden sind Geschichten voller Humor, die
hell und schnell im Hier und Anderswo mit Autobiogra-
phischem und Fiktivem spielen.

»Beschwingte Mischung aus Parodien,
Burlesken, Anekdoten – letzte Gedankenspielereien
des großen Dichters.«
Der Spiegel

Fischer Taschenbuch Verlag

fi 17671 / 1

Robert Gernhardt

Lichte Gedichte

Band 14108

›*Lichte Gedichte*‹ widmet sich in neun Abteilungen den ewigen Themen aller Dichtung ebenso wie sehr zeitgenössischen, ja privaten Sujets. Von der Liebe, der Person, der Natur und der Kunst ist anfangs die Rede, mit Tod und Erkrankung schließt die Sammlung, wobei ›Herz in Not‹, das »Tagebuch eines Eingriffs in einhundert Eintragungen«, wider Erwarten für ein gutes Ende und dafür sorgt, daß das Versprechen »licht« nicht zu einem schlichten »lich« verkümmert. Der für Gernhardt typische Spagat zwischen ungenierter Komik und dezidierter Ernsthaftigkeit hat in seinen Gedichten eine neue Qualität erreicht: Der dunkle Grund der Erdenschwere kommt ständig zur Sprache und verwandelt sich ebenso beständig vor unser aller Augen in Helligkeit und Schnelligkeit.

Fischer Taschenbuch Verlag

fi 240 / 10

Peter Lückemeier
Männer verstehen
Wie frau das seltsame Wesen durchschaut
Band 16952

Warum findet er ein Paar Manolos für 399 Euro überteuert, kauft sich aber selbst ohne mit der Wimper zu zucken ein Surfbrett für 1850 Euro? Peter Lückemeier schaut seinen Geschlechtsgenossen über die Schulter, lässt Frauen tief in ihre Seele blicken und zeigt, was dran ist am Mann. Er erklärt, was Männer immer wieder in den Baumarkt zieht, warum Sie seine Mutter möglichst bald kennenlernen sollten und warum er vorm Grill zum Urmenschen mutiert. Sein Fazit: Frauen, lasst euch nicht aus der Ruhe bringen und nehmt seine Macken nicht allzu ernst!

Fischer Taschenbuch Verlag

fi 16952 / 1

Peter Lückemeier
Neue Herzblatt-Geschichten
Band 17638

Sie sind Kult: Die »Herzblatt-Geschichten« von Peter Lücke-
meier in der ›Frankfurter Allgemeine Sonntagszeitung‹.
Woche für Woche durchsucht er dafür die Knallpresse von
›Bunte‹ bis zum ›Goldenen Blatt‹ nach den heftigsten
Vorgängen zwischen rotem Teppich und Bettkante. Die be-
sten seiner Kolumnen sind in diesem Buch versammelt. Von
Merkel und Fischer bis Becker und Bohlen: so amüsant kann
populäre Zeitgeschichte sein.

Fischer Taschenbuch Verlag